MANUTENTION DU COMMERCE

PRÈS LA DOUANE DE PARIS.

PROJET

D'ÉTABLISSEMENT

DE SUCCURSALES DE LA DOUANE

ET DE

LA MANUTENTION DU COMMERCE DE PARIS.

RAPPORTS.

PARIS.

IMPRIMERIE ADMINISTRATIVE ET DES CHEMINS DE FER DE PAUL DUPONT,

Rue de Grenelle-Saint-Honoré, n° 45.

1857.

LETTRE

A MONSIEUR LE PRÉSIDENT ET MESSIEURS LES MEMBRES

DE

LA CHAMBRE DE COMMERCE DE PARIS,

PORTANT PROJET

D'ÉTABLISSEMENT DE DEUX BUREAUX DE DOUANE,

L'UN SUR LE BASSIN DE LA VILLETTE,

L'AUTRE SUR LA SEINE.

Paris, le 31 juillet 1856.

Monsieur le Président et Messieurs ,

Au mois de juillet 1854, j'ai eu l'honneur de vous entretenir d'une demande adressée par M. Clerc-Kayser, raffineur au Havre, à M. le Directeur général des Douanes, dans le but d'obtenir la faculté d'expédier, en wagons plombés par capacité, les sucres raffinés dont le droit à la prime est constaté à la Douane de Paris, pour être ensuite dirigés sur le Havre et embarqués à destination de l'étranger.

Cette demande avait soulevé, de la part de l'Administration, des objections de plusieurs sortes ; mais, après les avoir mûrement examinées, l'Administration a reconnu qu'il n'y avait point lieu de s'y arrêter, la concession sollicitée étant de droit commun, aux termes de l'arrêté du Gouvernement, en date du 31 décembre 1848.

En effet, l'article 3 dispose : « que toute marchandise de prime après « avoir été, comme dans l'espèce, vérifiée en un bureau de Douane « ouvert aux opérations de cette nature et établi dans une localité où « il existe une station de chemin de fer, peut être expédiée directement « à l'étranger en wagons plombés. »

En suite de ce qui précède, une décision de l'Administration générale des Douanes est intervenue à la date du 24 juin 1854, autorisant l'expédition dans des wagons plombés par capacité. Cette même faveur a été dernièrement accordée à la manufacture impériale des glaces.

Cette décision m'a vivement préoccupé et je me suis souvent demandé si, dans un temps donné, il arrivait que les chemins de fer organisassent un service régulier de camionnage, ils ne pourraient pas enlever dans des wagons plombés par capacité tous les colis présentés chaque jour à la Douane. Dans ce cas, la Manutention éprouverait un grand déficit dans la recette de son cordage. Il faut bien le dire, les commissionnaires de roulage de Paris, par le produit qu'ils en retirent, soutiennent seuls l'ancien système.

Sans doute depuis 1854, les recettes de la Manutention se sont considérablement accrues ; . . . . mais il ne faut pas se dissimuler qu'à un moment donné, elles diminueront.

Le moment me semble venu de vous entretenir d'une nouvelle création de succursales ; j'avais d'abord jeté les yeux sur les diverses gares de Chemins de fer où des bureaux de Douane sont déjà établis : le Nord et l'Est.

J'ai remarqué que ces deux grandes Administrations, en faisant construire des locaux assez vastes pour y établir les bureaux de Douane, avaient organisé à l'avance un service de manutention calqué sur le nôtre, et que les résultats qu'ils en obtenaient étaient assez importants pour leur permettre de construire des hangars et dépendances et y remiser les colis venant de l'étranger qu'ils peuvent, par une permission de la Douane, conserver pendant dix jours avant de les diriger sur l'entrepôt des Marais. Il en résulte pour ces Administrations une perception d'ouverture, de déballage, de réemballage et de droit de séjour.

Les autres Administrations de chemins de fer, le Havre, Orléans et Lyon, s'occupent déjà d'installer des bureaux de Douane et un service de manutention à l'instar de ceux que je viens de citer. Il n'y a donc pas lieu de songer pour la Manutention à fonder des succursales dans ces diverses gares ; et quand encore nous pourrions nous y établir, nous y serions mal à l'aise, comme des entrepreneurs ou des sous-traitants ; c'est un rôle qui ne peut pas convenir à la manutention de la Chambre de Commerce.

Maintenant, les transports par eau s'organisent au bassin de la Villette, et sur la Seine au port Saint-Nicolas. Les chemins de fer redoutent la concurrence de ces services, qui présentent pour le commerce une grande économie dans les frais de transport (de 50 à 75 centimes par 100 kilos en petite vitesse ; trois jours pour le Havre), et plus de célérité que par la petite vitesse des chemins de fer, qui font le même trajet en quatre jours. Le service du port Saint-Nicolas, installé depuis le 1er mars 1856, a donné, jusqu'au 30 juin inclus, les résultats suivants :

Le nombre des colis importés s'est élevé à 17,262.

15,137 ont été déclarés pour la consommation ;

1,916 dirigés sur l'Entrepôt ;

12   — sur le Ministère de l'intérieur ;

197 expédiés en transit.

17,262 chiffre égal à l'importation.

EXPORTATION.

Avec primes............	105 colis, pesant 14,276k, valeur	3,753 f. 89 c.	
En transit.............	562 — 92,595k,	— 108,200	»
Avec payement de droits..	15,927 — 493,539k,	— 385,533	»
	16,594 colis, pesant 600,410k, valeur 497,486 f. 89 c.		

D'un autre côté, le service de la Villette, dit *Bateau porteur*, a été créé au mois de février dernier ; et pendant les trois mois de février, mars et avril inclus, il a été expédié 30,047 colis, d'un poids de 1,953,678 kilos, qui se décomposent ainsi :

2,255 colis de prime, transit et de simple exportation, pesant...................... 400,787 kilos.
27,792 colis de cabotage................... 1,552,891 »

30,047 colis.   Poids : 1,953,678 kilos.

Ces chiffres se résument ainsi :

PORT SAINT-NICOLAS...... Importations. 17,262 colis, pour 4 mois.
                          Exportations. 16,594 — —
BASSIN DE LA VILLETTE............... 30,047 — pour 3 mois.

Total............... 63,903 colis.

Ainsi, pour *trois mois* d'opérations, l'on a exporté et importé de ces deux bureaux de douane 55,000 colis environ, et encore l'importation n'est pas établie au bureau de la Villette, et la compagnie Pieau l'a seule exploitée jusqu'à ce jour. Que sera-ce donc, quand de nouvelles compagnies se seront formées pour faire concurrence aux chemins de fer?

Vous êtes saisis, Messieurs, d'une lettre de M. le Directeur de la Douane de Paris, qui sollicite, au nom de l'Administration supérieure, votre avis sur la demande d'un nouvel entrepreneur de transport, à la Villette, qui désirerait obtenir, comme la compagnie Pieau, un bureau de douane affecté à son établissement ; d'autres demandes sont prêtes à se faire jour.

Il convient donc d'examiner s'il ne serait pas de l'intérêt du Trésor, de l'Administration des Douanes et de celui du commerce en général, de réunir, aux abords du bassin de la Villette, une seule Douane avec un service de manutention, ayant des hangars assez vastes pour y établir un service de manutention à l'instar de celui de la Douane de Paris. Les colis y seraient présentés au départ, comme à la Douane de Paris ; les formalités de pesage, de visite, ouverture, fermeture, pourraient y être remplies ; les cotons, les glaces, enfin tous les produits autres que les tissus laine pure et mélangés, pourraient y être primés. Les magasins de réserve que la Manutention pourrait y faire établir recevraient en retour, comme aux gares du Nord et de l'Est, les marchandises déposées temporairement, soit pour être dirigées sur l'entrepôt réel, soit en transit, soit à destination pour la France, après acquittement des droits, par le chemin de fer de ceinture, sans être tenues d'être dirigées sur l'Entrepôt de Paris.

A l'égard du bureau de Douane établi au port Saint-Nicolas, les opérations qui s'y sont produites, celles plus importantes qu'on laisse entrevoir, et le débarquement des charbons de terre, présentent, dans une localité aussi restreinte, des difficultés de plus d'une nature que je n'énumérerai pas ici.

Toutes ces considérations m'amènent à appeler l'attention de la Chambre sur une seconde création de bureaux de Douane et de Manutention à placer aussi dans un centre approprié aux opérations de cette nature, soit à l'île des Cygnes, soit au quai de Billy, où des magasins vastes pourraient mettre à l'abri les marchandises présentées à la visite pour l'exportation, et celles importées dans les conditions du régime de la Douane.

La Chambre ne pourrait-elle pas encore concourir à cette création ? les transports par voies d'eau étant appelés, dans un temps rapproché, à prendre, aussi bien sur la Seine que sur le canal de la Villette, un très-grand développement par la concurrence que ces nouvelles voies peuvent faire aux chemins de fer.

Il reste à examiner comment la Chambre de Commerce arriverait à se couvrir des frais de construction et d'achat ou de location des terrains. Il suffirait, il me semble, d'appliquer à l'amortissement une partie du produit d'un tarif modéré de Manutention.

Ma lettre, Monsieur le Président et Messieurs, écrite à la hâte et sous l'influence de la conversation que j'ai eu l'honneur d'avoir hier avec M. le Président, n'a pour but que de vous communiquer, à *priori*, une idée qui s'est présentée à mon esprit, et si vous voulez bien m'autoriser à y donner suite, dans un Mémoire que j'aurai l'honneur de vous adresser aussi promptement que possible, j'entrerai dans des considérations que le temps ne me permet pas de développer ici.

Agréez, Monsieur le Président et Messieurs, la nouvelle assurance de mon profond respect et de mon entier dévouement.

Le Directeur de la Manutention de la Chambre de Commerce
de Paris près la Douane,

MORÉNO-HENRIQUÈS.

PREMIER RAPPORT

A LA CHAMBRE DE COMMERCE DE PARIS,

SUR LE PROJET D'ÉTABLISSEMENT

D'UNE

DOUANE CENTRALE, D'UN MAGASIN DE DÉPOT,

ET D'UNE

MANUTENTION SUR LE BASSIN DE LA VILLETTE.

A Monsieur le Président et Messieurs les Membres de la Chambre de Commerce de Paris.

MESSIEURS,

Par ma lettre du 31 juillet de cette année, j'avais l'honneur de vous soumettre un projet d'établissement d'une nouvelle Douane centrale et d'une Manutention sur le bassin de la Villette, où viendraient aboutir tous les services par eau qui, de jour en jour, grandissent en importance.

Je vous exposais dans cette lettre :

Que, sur la demande d'un raffineur du Havre, l'Administration des Douanes, par décision du 24 juin 1854, avait consenti à ce que des sucres raffinés fussent expédiés de Paris dans des wagons plombés par capacité, et que la même faveur avait depuis été accordée à la Manufacture impériale des glaces ;

2

Que cette mesure et l'organisation de camionnages par les administrations de chemins de fer pourraient un jour diminuer l'importance des opérations de la Manutention et affecter ses recettes ;

Que déjà, aux gares du Nord et de l'Est, il a été établi des bureaux de douane avec un service de manutention semblable au nôtre, percevant conséquemment des droits pour ouverture, déballage, remballage et séjour des colis ;

Que la même installation aura lieu prochainement dans les autres gares de Paris ;

Qu'enfin, à une époque peu éloignée, il ne restera probablement plus à la Douane de Paris que les tissus présentés à la prime.

J'ajoutais :

Que des transports par eau s'organisaient sur divers points, pour faire concurrence aux chemins de fer ;

Que des services assez importants fonctionnaient déjà au bassin de la Villette et au port Saint-Nicolas ;

Que l'appui et les sympathies du commerce étaient acquis à ce nouveau mode de transport ;

Que déjà un bureau de douane avait été accordé à la Compagnie Pieau, et qu'un autre entrepreneur sollicitait la même faveur ;

Qu'enfin, dans l'intérêt du commerce, et surtout pour centraliser l'action de l'Administration, il serait urgent de songer à fonder une Douane centrale et une Manutention semblable à celle de la Douane de Paris, dont je vous ai retracé et les succès et les services, et qui, là, devrait être complétée par un magasin de dépôt, où la marchandise, aux termes de la loi, pourrait séjourner au moins deux mois avant la mise en consommation.

Je terminais ma lettre en vous disant que, pour ce nouveau projet, j'étais certain du concours de l'Administration des Douanes, qui ne voyait pas sans crainte la décentralisation de sa surveillance et de sa responsabilité.

Vous avez bien voulu accueillir favorablement mes idées, et vous m'avez demandé un rapport complet sur la question. Ce rapport est l'objet du travail que j'ai l'honneur de mettre sous vos yeux.

Les chemins de fer, en établissant leurs transports de grande et de petite vitesse, laissaient espérer au commerce des rapports prompts et à bon marché. La construction d'un chemin de Ceinture autour de Paris, en les reliant entre eux, avait pour but de supprimer les transbordements, aussi pernicieux pour le conditionnement de la marchandise qu'onéreux pour le prix de revient.

Les chemins de fer sont loin d'avoir rempli leur mission.

Insuffisance des services rendus par les chemins de fer.

La rapidité de leurs transports n'est que nominale ; et, sans vouloir faire aucune désignation, je dois dire qu'il est des lignes où les colis, qui devraient parvenir en quinze heures, ne parviennent qu'en quinze jours et parfois ne parviennent pas du tout. De là des réclamations sans nombre auxquelles il n'est fait droit que difficilement ; et elles sont toujours mal accueillies par des administrations puissantes, qui sentent qu'elles ont entre leurs mains un monopole presque absolu.

Le commerce se plaint amèrement, se plaint depuis bien des années sans être écouté, et aujourd'hui il en est arrivé à ne plus voir son salut que dans la concurrence des transports par eau, qui ne laissent pas de présenter de grands avantages.

Bas prix des transports par les chemins de fer.

Quant au bon marché des transports, il est évident que, sous ce rapport, les voies de fer sont sans égales.

Certains chemins de fer effectuent des transports à moins de 2 centimes. Ainsi, de la gare des Batignolles au Havre, le plâtre se transporte à 1^c 7/10 (1).

But de ces concessions.

Mais quel est le but véritable de ces concessions extraordinaires sur

---

(1) Observations présentées par le syndicat de marine à la commission chargée de l'examen des projets de loi relatifs au rachat des actions de jouissance des canaux. — *Broch.* Paris, 1851.

certains articles de chargement? C'est de détruire toute concurrence. Le roulage par terre a disparu; le transport par eau est menacé de ruine. Lorsque les chemins de fer seront maîtres absolus du terrain, ils relèveront leurs tarifs, et feront payer cher au commerce des bonifications passagères.

Cet intolérable état de choses, qui semble devoir s'aggraver encore par les facilités accordées aux chemins de fer d'établir dans leurs gares des bureaux de douane, des services de manutention et de roulage, n'est pas resté inaperçu par les hommes pratiques qui veillent sur les intérêts du commerce et l'avenir de nos transactions.

Je ne rappellerai pas les nombreuses réclamations élevées par les conseils généraux des départements au sujet de cet autre abus du monopole des chemins de fer, les *tarifs différentiels,* qui favorisent un commerçant aux dépens des autres, — une industrie aux dépens des autres industries; — je n'énumérerai pas les récents et trop nombreux procès auxquels a donné lieu cet abus, et je n'insisterai pas sur les jugements, tout au profit de l'industrie en général, intervenus dans des cas de l'espèce.

Les représentants des établissements métallurgiques du Centre ont bien senti quels fâcheux résultats pouvait amener le favoritisme dans le tarifage des voies ferrées.

Aussi écrivaient-ils, il y a peu de temps, au Ministre des finances :

« Ce qu'il faut à l'industrie et au commerce, une fois que les tarifs ont
« été réglés d'une manière raisonnable, c'est que ces tarifs soient également
« ment et loyalement perçus; qu'il n'y ait de faveur ni d'exception pour
« personne; que nul n'ait le droit de porter atteinte aux combinaisons
« en vue desquelles les grands établissements se sont fondés. Sans cela,
« sans cette sécurité, il n'y a pas d'avenir pour les grands établisse-
« ments, et partant, point de grands progrès industriels. »

Il m'est impossible de passer sous silence l'opinion des chambres de commerce de Lille et d'Amiens, celle du syndicat de marine de Paris, et de M. Sommier, maire de la Villette *et membre du conseil général de la Seine,* sur la question des transports par eau, question mise aujourd'hui à l'ordre du jour partout où l'on s'occupe d'économie politique, et que le mauvais vouloir des compagnies de chemin de fer a élevée à la hauteur d'une question nationale.

Cette question, Messieurs, est aussi la nôtre, puisque c'est elle qui m'amène à vous proposer, dans l'intérêt du commerce, un nouvel établissement. Vous me permettrez donc d'insister sur les dangers dont le commerce serait menacé par la ruine de la batellerie et la monopolisation des transports par les chemins de fer. A cet égard, je ne saurais mieux faire que d'invoquer l'opinion d'hommes compétents, parmi lesquels je me borne à citer le savant M. Kuhlmann, l'habile président de la Chambre de Commerce de Lille :

Opinion de la Chambre de Commerce de Lille sur la concurrence faite à la batellerie par les chemins de fer.

« La lutte que la Chambre de Commerce a depuis si longtemps annon-
« cée et prévue entre le chemin de fer du Nord et les lignes navigables
« s'est ouverte en effet. Au taux actuel de ses transports de houille,
« 4 centimes par tonne et par kilomètre (1), le chemin de fer réalise
« 1 centime de bénéfice par unité transportée. Cette rémunération suffit
« pour qu'il puisse maintenir, tant que besoin sera, un abaissement de
« prix au-dessous duquel la navigation, plus lente et plus irrégulière
« dans sa marche, est obligée de se maintenir, situation qu'elle ne peut
« supporter qu'en abandonnant tout son matériel et le condamnant à
« une rapide destruction (2).

. . . .

« La concurrence, en ce qui concerne le chemin de fer, n'a rien
« d'excessif, rien qui dépasse les bornes qu'une administration pré-
« voyante doive s'imposer, rien qui puisse l'obliger à y mettre un terme
« avant d'avoir triomphé. Dans les conditions actuelles de la batellerie,

---

(1) Des réductions sur ce prix ont eu lieu depuis cette époque (1849).

(2) Observations sur l'affermage des canaux et la tarification uniforme du péage sur les voies navigables. — *Chambre de Commerce de Lille*. — Broch. — 1853.

« cette réduction de prix peut être maintenue jusqu'à sa ruine totale (1).

. . . .

« La Chambre est convaincue qu'il est de la sagesse d'un gouverne-
« ment d'assurer au pays les bienfaits de toutes les voies de communica-
« tion sans exception, et de ne souffrir jamais que, malgré l'appât d'a-
« vantages momentanés qui pourraient être offerts, une seule voie de
« transport pût venir se substituer aux autres dans des vues de spécula-
« tion, pour ensuite, maîtresse du terrain, faire peser sur l'agriculture
« et le commerce des charges auxquelles il ne serait plus possible de se
« soustraire qu'au mépris de conventions librement consenties (2). »

Ainsi la lutte est en pleine activité.

Cependant la batellerie, malgré les dures conditions qui lui sont imposées, malgré les obstacles qu'elle rencontre sur sa route, malgré les
frais considérables qu'elle a à subir, malgré le prix élevé du fret qu'elle
est obligée de demander, trouve encore de nombreux chargements, tant
sont faciles avec elle et les rapports et les transactions.

Il est d'ailleurs certaines marchandises pour lesquelles ce mode de
transport est indispensable.

Les houilles, les minerais, et tant d'autres matières, pour lesquelles le
bon marché dans le transport est une condition essentielle de consommation, ont besoin de la batellerie, qui, seule, peut leur assurer cette condition.

« La navigation la plus économique est celle qui se rapproche du rou-
« lage par terre par la simplicité de son exploitation, c'est-à-dire lorsque
« le bateau peut, quittant son port de chargement, parvenir à son port
« de déchargement, en service ordinaire ou accéléré, avec le même pa-
« tron et le même équipage (3). »

Cette espèce de navigation est aujourd'hui à peu près la seule en

---

(1 Observations sar l'affermage des canaux et la tarification uniforme du péage sur les voies
navigables. — *Chambre de Commerce de Lille.* — Broch. — 1853.

(2) *Idem..... Idem.*

(3) Observations du syndicat de marine sur le rachat des actions de jouissance des canaux. —
5 janvier 1851.

France, grâce aux nombreuses compagnies qui se sont organisées. C'est là ce qui explique comment, avec des concurrents aussi redoutables que les chemins de fer, nos bateaux peuvent encore couvrir leurs frais.

Espérances du commerce dans la batellerie.

Il est cependant un fait vrai, c'est que, depuis trois ou quatre ans, le commerce, fatigué des difficultés qu'il rencontre dans ses relations avec les chemins de fer, reporte ses espérances sur la navigation, qui, d'ailleurs, stimulée par l'état précaire où elle était tombée, a eu recours à la vapeur, et franchit actuellement les distances avec une promptitude presque égale à celle qu'atteignent les rail-ways.

Des bateaux ayant un tirant d'eau de 1^m 50 peuvent facilement porter 200 et même 224 tonneaux ; en moyenne, 212 tonneaux.

La dépense annuelle d'un bateau est de 2,000 fr. ; en raison des chômages et des gelées, on ne compte que sur 250 jours de navigation franche, mais il serait possible de rendre les chômages bisannuels, et d'obtenir 300 jours de navigation par an.

« En organisant, comme on le fait sur plusieurs canaux français, un « service de nuit, on porterait facilement à 3 myr. 60 par jour le « parcours moyen d'un bateau, soit 1 myr. 80 pour aller et autant pour « revenir (1). »

Développement de la navigation au bassin de la Villette.

La Compagnie Pieau, dont les magasins sont établis sur le bassin de la Villette, qui n'avait, il y a trois ans, qu'un seul bateau à vapeur, en a maintenant vingt-trois, et n'hésitera pas à en construire d'autres si ses chargements l'exigent.

Plusieurs autres maisons, qui font aussi le transport par eau, sont venues prendre part à ce mouvement d'affaires, et rien ne dit que ce point de Paris ne soit appelé un jour à prendre une activité prodigieuse, et que le nombre d'agents de transport ne sera pas bientôt décuplé.

C'est en vain que les administrations de chemin de fer ont offert, à certaines maisons, des indemnités pour abandonner la navigation. Si

---

(1) Observations sur l'affermage des canaux, etc. — *Chambre de Commerce de Lille.* — 1853.

quelques-unes ont accepté, elles ont été remplacées immédiatement par d'autres, et il est probable que les chemins de fer se fatigueront de faire la fortune de tous ceux à qui il prendra la velléité de fonder une agence de transport par eau.

Voici, pour la Compagnie Pieau seulement, le relevé de ses opérations d'embarquement à destination du Havre, pendant le trimestre d'août, septembre et octobre. — Le total des colis expédiés par cette maison, sur deux bateaux autorisés par l'Administration des Douanes, s'élève à 14,483, ce qui, toute compensation faite des interruptions résultant des hautes eaux, des chômages et des gelées, donne pour l'année entière environ 44,000 colis.

Le tableau ci-après donne aussi, par mois et par mode d'expédition, la répartition de 42,583 colis expédiés en dehors du régime de la Douane pendant le même trimestre, chiffre qui semble accuser pour l'année entière un mouvement de près de 130,000 colis.

BUREAU DE LA VILLETTE. — (Canal).

RELEVÉ du nombre de colis transportés au Havre par les bateaux porteurs de la Compagnie Ch. Pieau, n°s 7 et 12, agréés par l'Administration des Douanes comme faisant le service de la Villette à cette destination, et des colis embarqués sur ces mêmes bateaux en dehors du régime des douanes.

PÉRIODES.	SIMPLE EXPORTATION.		CABOTAGE.	OBSERVATIONS.
	DIVERS BUREAUX.	DE LA GARE.		
Août.............	476	149	13,881 colis.	
Septembre.......	445	108	9,619 —	
Octobre..........	339	95	19,353 —	
	1,612 colis.		42,853 colis.	
Trimestre ci-dessus { Août............ 2,802 ; Septembre...... 6,478 ; Octobre........ 5,203 } 14,483 colis.				Le bateau n° 28 en destination de Caen sur le Havre est compris pour un voyage effectué de 740 colis, les autres bateaux étant de la catégorie de ceux désignés en douane.

Ces succès de la batellerie ne doivent pas nous faire perdre de vue les dangers qu'elle court. Je laisse, à ce sujet, parler la Chambre de commerce de Lille qui a traité la question avec la plus grande hauteur de vues.

Dangers que court la navigation.

« Il n'y a pas de comparaison possible à établir entre les chemins de
« fer et les canaux. La concurrence de ceux-ci est purement défensive ;
« celle des chemins de fer est au contraire envahissante et absorbante ;
« ils veulent tuer la navigation, et dans ce but patent, sur lequel il n'y a
« pas à se méprendre, ils réduisent leurs tarifs à des prix tellement bas
« qu'on n'eût jamais osé les prévoir. Les canaux n'ont point la prétention
« de tuer la concurrence des chemins de fer ; leurs efforts n'auront
« jamais pour résultat que de les empêcher de succomber dans la lutte.
« Pour soutenir cette lutte, la batellerie n'a d'autre moyen que d'abais-
« ser ses prix, non pas seulement de manière à conserver une quantité de
« marchandises égale à ce qu'elle transportait avant l'établissement des
« chemins de fer, mais encore de manière à profiter du mouvement im-
« primé à l'industrie et au commerce, au point de compenser, par l'acti-
« vité plus grande de ses opérations, la perte que lui occasionnerait
« l'abaissement de son fret. C'est ainsi qu'elle a dû procéder partout où
« les chemins de fer sont venus lui faire concurrence (1). »

L'importance des canaux pour la France n'a pas besoin d'être démontrée. Cependant je ne puis résister à citer encore l'opinion des Chambres de commerce de Lille et d'Amiens sur ce sujet. Une question fondamentale, celle de l'affermage des canaux et la tarification uniforme des droits de navigation, ont soulevé les réclamations les plus vives. On y avait vu un nouveau coup porté à la batellerie et un pas de plus vers le monopole du transport par les chemins de fer.

« Lille, 6 juin 1853.

« Les plus constantes préoccupations de la Chambre de commerce de

---

(1) Observations sur l'affermage des canaux, etc. — *Chambre de commerce de Lille.* — 1853

« Lille ont toujours été en faveur de l'amélioration de nos voies de com-
« munication et d'un abaissement du prix des transports. La Chambre
« est convaincue que tout progrès accompli dans cette direction est un
« pas vers le développement de la richesse du pays, un élément de
« grandeur pour la France, une conquête nouvelle au profit de la civili-
« sation (1). »

« La France, avec son vaste territoire, a dû établir un réseau consi-
« dérable de canaux qui le sillonnent dans tous les sens. Ces canaux ne
« servent pas seulement à ses propres besoins, ils transportent encore
« les produits des nations limitrophes. Le transit est une branche très-
« lucrative de son commerce ; il lui donne des bénéfices importants que
« plusieurs pays, l'Autriche, l'Allemagne surtout, s'efforcent constam-
« ment de lui ravir.

« Pour conserver ce transit, il faudra dans un avenir prochain, on
« peut le prévoir, venir en aide à la batellerie, alléger ses frais par des
« réductions de tarifs (2). »

« Déjà la France a aliéné, sur un grand nombre de points, la faculté
« de régler, selon les intérêts généraux du pays, les tarifs de nos che-
« mins de fer, en passant avec un grand nombre de Compagnies des
« engagements qui lient le commerce et l'industrie pour tout un siècle.
« Dans cette situation périlleuse, les canaux nous restent pour mo-
« dérer les prétentions des Compagnies des chemins de fer dans ce
« qu'elles peuvent avoir d'exagéré ; il est donc de la plus haute impor-
« tance que la France ne compromette, par aucune mesure législative,
« la libre direction à donner aux conditions de la navigation inté-
« rieure.

« Les canaux, conservant la puissance naturelle qui leur appartient,
« soutiendront, au plus grand avantage du commerce et de l'industrie,

---

(1) Observations contre l'affermage des canaux, etc. — *Chambre de commerce de Lille.* — 1853.
(2) Observations sur l'affermage des canaux. — *Chambre de commerce d'Amiens.* — Octobre
1851.

« la lutte dont les menace l'établissement des chemins de fer, et force-
« ront les Compagnies concessionnaires de ces grandes lignes à modérer
« leurs tarifs et à faire au public des conditions aussi avantageuses que
« la nature des choses le comporte (1). »

Après tout ce qui vient d'être dit pour le salut de la navigation, j'ai à
peine besoin d'insister sur l'urgence qu'il y a à fonder une succursale au
bassin de la Villette. Il ne vous échappera pas qu'en apportant là nos
tarifs modérés, notre bonne organisation intérieure, nous rendrons autant
de services au commerce qu'à la batellerie elle-même qui mérite assuré-
ment toutes nos sympathies.

Avant de vous parler de cet établissement, j'ai à vous entretenir du
bassin de la Villette, du régime auquel il est soumis avec les voies de
circulation qui l'environnent,

La loi qui a consacré l'ouverture du canal de l'Ourcq remonte au
29 floréal an x.

Elle est ainsi conçue :

LOI DU 29 FLORÉAL AN X.

« Art. 1er. Il sera ouvert un canal de dérivation de la rivière d'Ourcq ;
« elle sera amenée à Paris, dans un bassin de partage de la Villette.

« Art. 2. Il sera ouvert un canal de navigation qui partira de la
« Seine, au-dessous du bastion de l'Arsenal, se rendra dans le bassin
« de partage de la Villette et continuera par Saint-Denis, la vallée de
« Montmorency, et aboutira à la rivière d'Oise, près Pontoise.

« Art. 3. Les terrains appartenant à des particuliers, et nécessaires à
« la construction, seront acquis de gré à gré ou à dire d'experts. »

En 1818, lorsque le canal de l'Ourcq, dont le bassin de la Villette ne
devait d'abord servir, en quelque sorte, que de réservoir d'alimentation pour la ville de Paris, a été livré à la navigation, on était loin de

(1) Lettre de M. Kuhlmann, président de la Chambre de commerce de Lille. — Mars 1851.

penser que cette navigation prendrait un développement aussi considérable.

Le canal de l'Ourcq, dont le but était l'alimentation d'eau d'une grande capitale, a eu, dès l'origine, un caractère d'utilité publique; elle a grandi encore par le fait de la navigation que l'on a dû y établir en remplacement de celle de la rivière d'Ourcq, que l'absorption des eaux par le canal supprimait presque complétement. L'utilité publique n'a cessé de s'accroître depuis lors. D'une part, en effet, les besoins d'eau de la ville de Paris sont devenus de plus en plus considérables ; et d'un autre côté, la navigation s'y est développée avec une activité prodigieuse, surtout depuis la construction des canaux de Saint-Denis et de Saint-Martin, ou de Seine en Seine.

Une zône de 23 mètres de terrain, entre le bassin et les rues latérales, formait le port ; sur ces 23 mètres, 8 furent réservés pour le déchargement des marchandises, et la jouissance exclusive des 15 autres mètres fut attribuée à la Compagnie des Canaux, avec le droit de louer cette portion de terrain ou d'y élever des constructions, à condition de les affecter aux besoins du service public pour lesquels le canal avait été créé. C'est dans le but de régulariser son droit de jouissance sur ces 15 mètres de terrain que la Compagnie a obtenu l'insertion dans son Traité de l'article 12 dont suit la teneur :

Conventions additionnelles
au Traité de concession des Canaux de l'Ourcq et de Saint-Denis.

Entre M. le Préfet de la Seine, pour la ville de Paris, et

M. Hainguerlot, se portant fort de la Compagnie des Canaux de l'Ourcq et de Saint-Denis.

(Traité signé à Paris, le 1er février 1841.)

Art. 12. Pour satisfaire aux demandes de la Compagnie, relatives aux alignements des masses de magasins à construire sur les deux rives du bassin de la Villette, et sur les terre-pleins, entre ce bassin et le pont tournant, l'Administration municipale consent à ce que ces bâtiments soient établis conformément au plan ci-annexé dressé par l'inspecteur des canaux de Paris, le 28 janvier 1841, et approuvé par l'ingénieur en chef du service municipal, le 29 janvier 1841.

Sur les deux rives du susdit bassin, chacune des masses de magasins pourra avoir, soit une largeur de 23 mètres, soit une largeur de 15 mètres; la Compagnie aura la faculté de couvrir, dans ce dernier cas, l'intervalle qui restera libre entre les bâtiments et le mur de quai.

Dans l'une ou l'autre de ces dispositions, le franc-bord de 8 mètres, réservé sur les deux rives du bassin de la Villette, pour le dépôt, le mouvement des marchandises, restera affecté à ce service public. Néanmoins, il pourra y être établi deux lignes de poteaux montants, l'une à un mètre en arrière du parement extérieur du mur du bassin, l'autre à 4^m 50 du même parement. Ces poteaux montants devront être établis de manière à laisser une hauteur de 5 mètres au moins entre le sol et la toiture ou les planches qu'ils supporteront.

Les fondations de la galerie souterraine que la ville de Paris doit faire construire sur la rive droite du bassin de la Villette, pour reporter à la gare circulaire la prise des eaux de l'Ourcq, conformément au traité supplémentaire du 13 mars 1818, seront établies dans la longueur de ce bassin, de manière à pouvoir supporter le mur et le rang de poteaux limitant latéralement la seconde travée du franc-bord.

La Ville supportera, indépendamment de la dépense de 285,000 fr. à laquelle est évaluée la construction de l'aqueduc depuis la gare circulaire jusqu'au regard de la prise d'eau, l'excédant de 12,000 fr. qui résultera du surcroît de dimension à donner à la fondation, ainsi qu'il est indiqué sur ledit plan. La construction de l'aqueduc devra être terminée dans le délai de deux années, à compter de l'approbation du présent Traité par le conseil municipal; au fur et à mesure de l'exécution des magasins, la Compagnie sera tenue de construire à ses frais la voûte de l'aqueduc, en l'exhaussant d'un mètre au moins. Cet exhaussement aura lieu, non-seulement au droit des masses de magasins, mais aussi vis-à-vis les intervalles de 20 mètres réservés entre ces masses pour le service public, intervalles sur lesquels les magasins n'auront pas d'*issue*, et qui seront fermés la nuit par des clôtures établies aux frais de la Compagnie.

Il est bien entendu que les bâtiments des usines, les magasins et dépendances, établis aux abords des canaux de l'Ourcq et de Saint-Denis et du bassin de la Villette sur les terrains appartenant à la ville de Paris, deviendront sa propriété à l'expiration de la concession. Toutefois, l'inventaire et l'état descriptif de ces constructions seront dressées 20 ans avant cette expiration. A partir de cette époque, la Compagnie devra entretenir ces bâtiments en bon état, et elle ne pourra y faire de modifications qu'avec l'autorisation de l'Administration municipale.

Le Traité dont je ne cite que l'article 12, parce que seul il nous intéresse, fut approuvé dans les termes suivants :

. . . .

Vu la loi du 29 floréal, an ix ;

Vu l'instruction ministérielle en date du 3 floréal an xiii, donnée conformément à la décision de l'Empereur du 7 germinal précédent et en vertu de laquelle le canal de l'Ourcq a été exécuté pour admettre des bateaux d'une moyenne grandeur ;

Le rapport d'une commission spéciale d'ingénieurs sur la situation des travaux du canal de l'Ourcq et de ses dépendances à l'époque du 1er janvier 1816 ;

La loi du 20 mai 1818, l'ordonnance royale du 10 juin 1818, le Traité de concession des canaux de l'Ourcq et de Saint-Denis, en date du 19 avril 1818 ;

Les articles additionnels à ce Traité en date des 19 avril et 13 mai 1818 ; l'ordonnance royale du 23 juin 1824 et les actes annexés à cette ordonnance ;

(Délibéré le 5 mars 1841).

Il y a lieu d'approuver ledit acte, qui sera transcrit ensuite de la présente délibération.

Il est bien entendu que la propriété du chemin de fer à établir sur la berge droite du canal de l'Ourcq, qui, aux termes de l'article 10 dudit acte, sera acquise à la ville de Paris à l'expiration de la concession, s'appliquerait à la portion dudit chemin comprise entre le canal de l'Ourcq et le point de départ, près des murs de Paris, ainsi qu'aux gares, embarcadères et autres dépendances établies sur ce point.

Les projets, rapports, plans et devis ci-dessus mentionnés seront visés par M. le Préfet; ils seront déposés dans les archives de la Ville, après l'approbation du Traité par l'autorité supérieure.

Signé, Buisson, Président, et Preschez, Secrétaire.

La navigation ayant pris et continuant de prendre une extension considérable, ainsi que nous l'avons dit plus haut, il est arrivé que les 8 mètres de francs-bords sont devenus d'une insuffisance évidente pour le libre déchargement des marchandises et surtout pour un déchargement accéléré. Les francs-bords en face des magasins sont à la disposition des locataires de ces mêmes magasins qui ont aussi, de fait et par une occupation permanente, le privilége exclusif d'y faire tous leurs chargements et déchargements.

Ainsi l'article 12 donne aux locataires, non-seulement la faculté de construire des magasins sur les 15 mètres réservés à la Compagnie, mais il y ajoute le droit de couvrir les 8 mètres de francs-bords qui se trouvent en face.

Le droit de la Compagnie à construire ou à laisser construire des magasins sur les bords du bassin de la Villette est puisé dans les articles 7 et 8 du Traité du 19 avril 1818, ainsi conçus :

« Art. 7. Il est entendu que les bâtiments des usines et toutes dépen-
« dances établis sur des terrains autres que ceux qui seront achetés par
« la ville de Paris resteront à perpétuité la propriété de la Compagnie
« ou de ses ayants droit.

« Art. 8. La Compagnie aura seule le droit d'établir sur les rives
« dudit canal des gares et ports de décharge pour l'entrepôt des mar-
« chandises de toute nature. »

La largeur des quais du bassin de la Villette a été fixée dans l'origine à 35 mètres. Il devait être pris, sur cette largeur et au milieu, un espace de 12 mètres pour l'établissement d'une chaussée pavée destinée au service du port. Comme les eaux du quai ne doivent pas être rejetées dans le bassin, elles devaient être conduites au moyen d'aqueducs dans les égouts de Paris. La dépense de cette chaussée et de ses aqueducs pouvait être évaluée à 500,000 fr. Les propriétaires riverains, par suite de leurs contrats d'acquisition, étaient privés de tout droit d'accès et de vue sur le port, mais la Compagnie proposa de reporter la chaussée le long des propriétés riveraines, en offrant aux propriétaires le droit de vue et d'accès sur cette chaussée, et en demandant en retour que la dépense fût divisée en trois parts égales, supportées par la ville de Paris, par les propriétaires riverains et par elle-même. Ce qui fut adopté.

La Compagnie, pour user de son droit d'élever des magasins selon les besoins du commerce, a dépensé à cet effet des sommes assez considérables. Ainsi, elle a contribué pour un tiers dans la dépense du pavage des rues latérales ; elle a fait élever sur les bords du bassin, dans les emplacements des masses déterminées, des magasins et des hangars ; elle a fait enclore d'autres emplacements ; elle a établi des grues sur les points qui en réclamaient, et fait paver ou macadamiser la majeure partie de la zône de 8 mètres, le long des quais et des entrées réservées de 20 mètres ; elle a fait enfin garnir de clôtures le pourtour des dépendances du bassin pour mettre les marchandises en sûreté, et elle a fait élever des constructions pour y établir un gardien nécessaire dans ces localités. Toutes ces améliorations sont évidemment dans l'intérêt du commerce auquel est nécessairement lié l'intérêt de la Compagnie, et c'est pour ainsi dire sur sa demande qu'elles ont eu lieu.

Dès l'ouverture des canaux de l'Ourcq et de Saint-Denis, on a vu arriver les charbons de terre ; une partie spéciale du port a été affectée à ce commerce, dont le principal marché se trouve maintenant dans cette localité. Les matériaux de construction ont suivi bientôt après, et des portions de quais particuliers ont été destinées aux bois ouvrés, aux tuiles et aux briques, aux pierres de taille, etc. Enfin sont venus les articles de consommation, les denrées coloniales, et des ports spéciaux ont été affectés au mouvement de ces denrées et autres marchandises.

Dès 1840, des commerçants du quartier de la Villette, au nombre de 45, comprenant toute l'importance que pouvait acquérir leur bassin, signalaient dans une lettre au Ministre de l'intérieur l'insuffisance des mesures adoptées et proposaient des modifications fondamentales dans les constructions projetées.

Ils s'exprimaient ainsi :

« Il nous semble que la ville de Paris aurait dû saisir l'occasion qui
« lui était offerte de remédier aux inconvénients que présente l'exiguïté
« du terrain resté libre ; il suffisait pour cela, non pas de laisser à la
« Compagnie la faculté de couvrir seulement les 8 mètres de francs-
« bords, mais de l'obliger formellement à couvrir la totalité des 23 mètres
« en lui accordant comme dédommagement le droit d'élever au-dessus
« de ces 23 mètres des bâtiments étagés pour servir de magasins publics
« ou entrepôts moyennant des tarifs. On eût obtenu ainsi un port large-
« ment espacé et dans lequel les marchandises eussent été à couvert, ce
« qui en aurait prodigieusement facilité le chargement et le déchar-
« gement (1).

« Il eût été désirable que ces constructions fussent faites sur pilotis et
« à étages superposés en laissant 5 mètres de hauteur entre le sol et les
« planchers de manière à ce que les 23 mètres formant les rives du
« bassin de chaque côté fussent consacrés au mouvement des marchan-
« dises et non pas à un simple dépôt et à un emmagasinage ; que de
« plus on déterminât le temps pendant lequel les marchandises pour-
« raient stationner sous cette espèce de halle, et enfin qu'un tarif fût
« arrêté par la Chambre de Commerce, après débat contradictoire ou
« enquête (2). »

Ainsi, là encore, le Commerce appelle l'intervention de ses représentants, l'intervention de la Chambre, pour organiser un service complet avec tarifs et séjour des marchandises, chargement et déchargement,
c'est-à-dire, manutention à couvert.

Je n'insiste pas, mais il semble que ces 45 commerçants, aient, il y a
16 ans, tracé notre projet d'établissement sur le canal.

---

(1) Mémoire sur les canaux de l'Ourcq et de Saint-Denis et le bassin de la Villette, par M. Sommier, membre du conseil général de la Seine, etc. — 1841.

(2) Lettre des 45 commerçants adressée au ministre de l'intérieur. — 1841.

Le terrain à acquérir appartient à la ville de Paris.

Comme pour le projet d'établissement de la Douane à l'Entrepôt des Marais, on trouverait au bassin de la Villette un avantage : c'est que le terrain appartient en nu-propriété à la ville de Paris, et que s'il y avait lieu de dépendre de la Compagnie concessionnaire des canaux, cette dépendance ne dépasserait pas la durée de son bail emphytéotique qui expire en 1922.

L'intérêt du commerce en général est de subir le moins de délais possible dans l'accomplissement des formalités de Douane, et s'il est indispensable que l'établissement où elles sont consacrées, ne soit pas trop éloigné du centre des affaires, la position du nouveau local semble réunir toutes les conditions voulues.

Distances entre le bassin de la Villette et les gares de chemins de fer.

En effet, avec un camion, les distances des diverses gares de Paris au bassin de la Villette, sans franchir l'enceinte, peuvent s'évaluer ainsi :

Pour se rendre à la gare de l'Est par la rue de Mogador.   5 minutes.

   —   à la gare du Nord par les rues Mogador, des Vertus, de La Chapelle et de la gare du Nord.................. 30   —

   —   à la gare des Batignolles par les rues Vertus, de la Chapelle, Mercadet, Mogador, des Chemin des Bœufs, etc. 45   —

Si l'on prend maintenant comme point de départ la Douane actuelle, voici quelles sont les distances à parcourir, évaluées en minutes :

Un camion ayant charge ordinaire de 2,500 à 3,000 kil. parcourt la distance de la Douane de Paris au bassin de la Villette, en marche ordinaire ou petite vitesse, en 30 minutes ; en grande vitesse, 15 minutes. De la Douane à la gare de l'Est (Villette) ; petite vitesse, 40 minutes ; grande vitesse, 20 minutes.

De la Douane à la gare du Nord (Chapelle); petite vitesse, 1 heure 15 minutes; grande vitesse, 50 minutes.

De la Douane à la gare de l'Ouest (Batignolles); petite vitesse, 1 heure 20 minutes; grande vitesse, 1 heure.

De la Douane à la gare de Lyon (Bercy); petite vitesse, 1 heure 50 minutes; grande vitesse, 1 heure 15 minutes.

De la Douane à la gare d'Orléans (Yvry); petite vitesse, 2 heures; grande vitesse, 1 heure 30 minutes.

Ainsi, pour trois des principales gares de chemins de fer, la distance à parcourir est plus courte de la Villette que de la Douane actuelle.

Une Douane centrale sur le bassin de la Villette présentera de grandes économies pour le Trésor, simplifiera les opérations du commerce et mettra un terme à toutes les demandes que présentent les entrepreneurs de transports qui voudraient avoir chacun dans leur établissement une Douane à l'instar de celle accordée à la société Pieau et compagnie.

Lors de la fondation de la Douane et des Entrepôts, l'on était loin de prévoir l'établissement des chemins de fer, qui dans un temps donné, sont encore appelés à accroître et à centraliser les grandes opérations commerciales.

Opérations d'exportation à la douane centrale.

Un fait digne d'attention doit être signalé. Les opérations d'exportation simple et à la prime augmentent journellement et elles sont même devenues très-importantes à la Douane de Paris. Les opérations mensuelles des Douanes de Forbach, Saint-Louis, Strasbourg, Valenciennes, et en général toutes celles des frontières de l'Est et du Nord révèlent au contraire une réduction graduelle et toujours croissante. Si nous examinons en même temps l'état des exportations simples aux gares des chemins de fer du Nord et de l'Est, nous voyons qu'elles ont pris un accroissement considérable. Ces observations n'établissent-elles pas clairement que les exportations non-seulement affluent à la Douane de Paris; mais encore qu'elles cherchent de préférence à s'y produire?

Cette situation toute à l'avantage du marché de Paris ne pourra qu'augmenter après l'établissement d'un service international établi à la Douane de la Villette.

Les entreprises de roulage de Paris sont frappées dans leur existence par le monopole exorbitant des chemins de fer, qui cherchent à les remplacer, et à envelopper même, par des combinaisons et des traités particuliers, les entreprises par eau.

De telle sorte, que, dans un temps donné, le commerce de Paris passera tout entier sous le monopole envahisseur des chemins de fer, qui tendent à tout absorber.

Un mot sur les entreprises de roulage et les agents de transports par eau.

Agences des transports.

Le nombre des commissionnaires de roulage domiciliés dans Paris s'élève à soixante et un.

Les messageries faisant le roulage sont au nombre de trois.

Ces divers entrepreneurs de transports disposent en moyenne d'un matériel de deux cent cinquante à trois cents camions.

Cinq chemins de fer ont chacun un établissement de roulage, qui vient faire concurrence aux soixante et une maisons anciennement établies.

Pour se créer des relations, les entreprises dépendantes des chemins de fer engagent déjà la lutte.

Le chemin de fer de l'Ouest, celui sur lequel doit se porter toute l'attention, en raison de l'étendue de ses rapports directs avec le Havre, transporte sur le Havre, en moyenne, par jour, 50 tonnes de 1,000 kilos soit 50,000 kilos de marchandises spéciales d'exportation. Les transports par eau font un chiffre égal pour la même destination.

Les transports par eau offrent des prix avantageux pour le commerce; mais, d'un autre côté, le chemin de fer de l'Ouest monte un service de roulage à raison de 30 centimes les 100 kilos, pris à domicile et transportés à la Douane. Les commissionnaires et les messageries demandent 50 centimes pour le même poids.

Il est certain que quand les chemins de fer seront en possession du monopole, le commerce subira le tarifage qu'il leur plaira de fixer.

Pour les transports par eau par petite vitesse, le nombre des entrepreneurs est de douze, dont cinq ont déjà des maisons très-importantes.

Dans ce dernier nombre, deux ont un service de camionnage attaché à leur établissement.

Les chemins de fer poussent l'envahissement jusqu'à la manutention.

Services de manutention dans les chemins de fer.

Ils montent dans leurs diverses gares un service de manutention calqué sur celui de la Douane, afin de donner au commerce toutes les facilités que la chambre a imaginées.

Le chemin de fer de l'Ouest, en particulier, a déjà jeté ses vues sur un des principaux chefs emballeurs attachés à la Douane de Paris, afin de fonder un service d'emballage, qui, comme celui de la manutention, ne laisse rien à désirer.

EN RÉSUMÉ, il est clair que, dans un temps rapproché, la Manutention de la Douane, les entreprises de roulage, les emballeurs, seront frappés dans leur existence par les administrations des chemins de fer.

Si ce monopole devait profiter au commerce, la chambre n'aurait qu'à se louer, dans l'intérêt général, d'avoir contribué, en établissant la Douane de Paris, à cette bonne organisation, si justement appréciée que les grandes entreprises s'empressent de l'ajouter à leur service.

Sans doute, pour commencer, les chemins de fer établiront, comme pour les transports par roulage, des tarifs très-bas; et, quand ils seront maîtres du terrain, nul doute qu'ils n'abusent de leur position.

Mais, il faut bien le dire encore, les commissionnaires de roulage et les emballeurs ont, depuis l'établissement de la Douane, pris une position si solide, qu'il sera peut-être difficile de la leur enlever.

Le commerce ne donne pas facilement sa confiance; les commissionnaires de roulage, les messageries et les emballeurs l'ont obtenue à force de soins et de persévérance. Ils sont, pour ainsi dire, les agents des négociants et des exportateurs en douane. Les premiers surveillent les expéditions et en sont responsables en tous points; les derniers apportent le plus grand soin dans le conditionnement des emballages, et l'on peut dire avec une juste raison que, sur aucune place de commerce en France, les emballages ne sont mieux traités. Le commerce de Paris en est tellement convaincu, qu'il pourrait se dispenser, aussi bien pour les colis d'exportation simple que pour ceux à la prime, de payer les frais de cordage et de plombage, en faisant diriger directement ses marchandises sur les ports d'embarquement, où les formalités de douane sont remplies.

Mais alors il faut qu'il livre sa marchandise, après la visite de la douane, aux emballeurs de ces localités, et ces emballeurs n'ont pas, comme ceux de la Douane de Paris, le contrôle et la surveillance d'une manutention, qui, de l'aveu des chefs de la Douane, n'est réellement bien instituée qu'ici.

En présence de ces faits, est-il besoin de faire ressortir combien l'établissement d'un service de douane, sur le bassin de la Villette, serait utile au commerce de Paris?

Les diverses gares de chemins de fer de l'Ouest, du Nord, de l'Est, de Lyon et d'Orléans, se sont établies au centre du grand commerce de Paris.

La douane de la Villette serait un point central d'opérations.

L'établissement d'une douane à la Villette ne serait-il pas au centre tout à la fois du commerce de Paris, des diverses gares de chemins de fer, et notamment du chemin de fer de ceinture, surtout pour les marchandises qui doivent avoir pour destination, par petite vitesse, le Havre, Nantes, Bordeaux et Marseille?

Si l'on ajoute à l'exportation les marchandises importées par transit international de douane, ne sont-elles pas encore à la portée des voies de communication précitées?

Au moyen de la création, à la douane de la Villette, d'un magasin de dépôt, d'entrepôt libre et d'un service complet de manutention, les entrepreneurs de transports par eau, les commissionnaires de roulage de Paris, le commerce en général, y trouveront, en profitant tout à la fois des transports par eau, qu'il convient de soutenir, d'améliorer et d'augmenter, de nouveaux éléments de prospérité et des conditions de bon marché, pour faire concurrence aux transports par petite vitesse des voies ferrées.

La Chambre de commerce, en appuyant ce projet, aura montré une fois de plus toute sa sollicitude pour les intérêts du commerce de Paris en général, et des entreprises de roulage, de manutention et d'emballage, bien dignes, par leurs efforts constants, de l'intérêt et de l'attention de la Chambre.

Dénomination des bateaux qui fréquentent le bassin de la Villette.

Les bateaux qui font le trajet du Havre au canal de la Villette, *et vice versâ*, sont connus sous les dénominations suivantes : *caboteurs, steamers, chalands, express* et *hélices*.

Il convient d'ajouter que la compagnie Pieau organise un service important de bateaux à vapeur, qui sera très-prochainement mis en activité, entre Londres et la Villette, passant par le Havre, *et vice versâ*.

Du transit international.

Les avantages du transit international consistent dans la dispense de la visite des colis à l'entrée ;

Dans l'exonération pour le commerce des frais de cordage, de plombage et de manutention ;

Dans les facilités pour le commerce d'expédier, sans rompre charge, par toutes les lignes ouvertes à ce transit.

Ainsi par exemple :

Des colis, expédiés de Belgique pour le duché de Bade, peuvent traverser la France avec les facilités indiquées, en empruntant les lignes du Nord et de l'Est.

Des colis pourraient encore être expédiés de Bruxelles sur Nantes. Et de quelle utilité enfin ne serait pas cette organisation de service pour les marchandises étrangères, qui, après avoir acquitté les droits à la douane de la Villette, pourraient être livrées immédiatement aux négociants de Paris ou de la banlieue, où il existe des usines importantes, sans subir le tarifage exorbitant de l'entrepôt et de son régime de droits de magasinage (1) ?

Supposons enfin que la ligne de Lyon à Marseille soit ouverte au transit international (comme elle le sera), les marchandises étrangères pourront être dirigées sur Marseille, port d'embarquement, et par suite à destination de l'étranger. Les services internationaux déjà établis aux gares des Chemins de fer du Nord et de l'Est ont été très-appréciés par le Commerce de Paris dans ses rapports avec l'étranger ; ces services, notamment ceux du Nord, prennent de jour en jour une grande extension.

L'établissement d'une Douane sur le bassin de la Villette en dehors des considérations qui précèdent, présentera des avantages particuliers à l'entreprise des canaux.

Cette fondation donnera une importance immense aux transports par eau, et empêchera constamment l'envahissement et les projets de traités des Chemins de fer avec les entrepreneurs par eau ; la voie d'eau étant libre pour tous, rien ne pourra s'opposer à ce que de nouvelles entreprises ne viennent se former pour faire concurrence aux associations de certains entrepreneurs avec les Chemins de fer.

Avenir du service international.

Le service international doublera, et bientôt quintuplera ses transports, puisqu'il ajoutera aux exportations l'importation qui n'existe pas.

Beaucoup de marchandises d'un poids considérable, les charbons, les fers, les fontes, les grains et farines, les vins et les eaux-de-vie, les marchandises encombrantes qui peuvent supporter les délais de petite vitesse, et qui ont besoin d'un fret à bon marché, profiteront de cette voie.

En échange de l'importance de ses relations sur ce point, la Com-

---

(1) Une harasse de poterie de grès pour laboratoire, pesant 166 kilogr. et pouvant valoir 100 fr., a coûté pour deux mois de séjour à l'entrepôt, cette année, à titre de manutention, bulletins, assurances, pesage, ouverture, visite, fermeture et magasinage, 12 fr. 10 cent., c'est-à-dire un peu plus de 12 p. %.

pagnie des canaux n'est-elle pas amenée à faire de larges concessions en terrains à la Chambre de commerce, qui dotera le bassin d'une entreprise d'utilité publique, dont l'établissement sera très-coûteux pour elle, et dont l'amortissement sera jeté dans l'imprévu par la modicité même de ses tarifs?

Lorsqu'il s'agit de choisir l'emplacement de la Douane actuelle à l'Entrepôt des Marais, la décision du Conseil municipal s'appuyait sur les avantages suivants :

Amélioration de plusieurs quartiers ;
Prospérité du canal Saint-Martin, qui doit faire retour à la Ville ;
Réunion des services de Douane ;
Facilité de circulation.

On peut employer les mêmes arguments en faveur du nouvel établissement.

Amélioration de plusieurs quartiers.

État actuel du pourtour du bassin de la Villette.

Lorsqu'une commission de la Chambre se rendra au bassin de la Villette pour examiner les lieux, elle sera frappée de l'état de délabrement des maisons qui entourent le port, du misérable aspect des magasins qu'on y a construits, de la saleté des voies de communication. Le triste état où se trouvent les maisons s'explique par la nature des marchandises qu'on y renferme : les houilles, les grès, les bois en grume, les plâtres. Il en résulte que les négociants s'éloignent de ce quartier autant qu'ils le peuvent, et n'y laissent qu'une classe d'ouvriers livrés en quelque sorte à eux-mêmes, voués à tous les excès et exploités indignement par les cabaretiers, tour à tour chefs d'équipe, débitants de boissons et prêteurs d'argent.

Les magasins élevés sur le bord du bassin, loués à raison de 2 francs le mètre carré par an et *sans bail*, ne sont que de véritables huttes en planches mal jointes, élevées à la hâte, et que menace incessamment l'incendie. On comprend que sans fixité de résidence, le commerce ne peut se mettre en frais de constructions.

Les voies de circulation où se mêlent les débris de bois, la poussière de charbon et le plâtre, sont la plupart du temps inabordables.

Si au lieu de laisser les alentours du bassin dans cet état de malpropreté et de dégradation, on les eût entretenus avec soin, et si on y eût fait les travaux nécessaires, les premières marchandises qui se seraient présentées à la Villette eussent été précisément les marchandises précieuses, telles que les épiceries, les vins, toujours si avides de modes de transport perfectionnés, parce que ce sont elles qui souffrent le plus des retards et de l'incertitude de la navigation sur les cours d'eau naturels. Mais l'état dans lequel est souvent le port de la Villette est tel, que les marchandises les plus grossières, la houille, les matériaux de construction, osent à peu près seules affronter ces quais incommodes, malgré leur largeur, et dont l'insigne malpropreté déshonore les abords d'une grande ville.

Des bâtiments élégants tels que sait et peut les construire la Chambre de commerce, la centralisation du service des Doüanes sur ce point amèneraient bientôt une transformation complète de ce quartier.

Prospérité du Bassin de la Villette.

Développement de la navigation au bassin de la Villette résultant de la création d'une Doüane dans ce quartier, avec une manutention reliée au chemin de fer de ceinture.

Cette prospérité n'est pas douteuse un seul instant.

Malgré le peu de facilité qu'offre au commerce la fréquentation du bassin, malgré la concurrence effrénée des chemins de fer, malgré l'absence de magasins et de dépôts propres à recevoir des marchandises précieuses, le mouvement de batellerie y est considérable, et est appelé à y prendre d'immenses développements dès qu'un service international se sera organisé, mais surtout si un jour la Manutention peut, au moyen d'un railway, relier son administration avec le chemin de fer de Ceinture.

Réunion des services de Doüane.

Avantages de la centralisation des services de Douane.

Cette réunion est désirée par l'Administration, par le commerce, par les services de roulage; une grande maison de transport par eau au bassin de la Villette a déjà un poste; une autre maison demande aussi le sien; mais il ne faut pas se le dissimuler, la Douane est mal installée dans ces établissements, elle n'est pas chez elle, et sa surveillance n'est peut être pas aussi efficace qu'on pourrait le désirer.

Facilités de circulation.

Avantages pour la circulation dans Paris.

L'établissement de la Manutention et son dépôt pour les marchandises devant revenir à la ville de Paris, comme l'établissement des Marais, l'hôtel de la Chambre et la Condition des soies, on pourrait demander et, j'en suis certain, obtenir le remaniement des voies de circulation qui entourent le bassin, un éclairage plus convenable et un balayage plus fréquent.

Ce nouvel état de choses aurait pour conséquences de débarrasser l'intérieur de Paris d'un grand nombre de camions qui, lourdement chargés, circulent à toute heure dans nos rues, et c'est là le vœu du conseil municipal, et en particulier de M. le Préfet de la Seine.

Le bassin de la Villette, en effet, quand les barrières seront reculées jusqu'aux fortifications, est destiné à rester en dehors de l'enceinte, afin d'y rendre plus faciles les importations et les exportations qui, autrement, devraient être surveillées par les agents de l'octroi.

Emplacement projeté de la nouvelle Douane.

L'emplacement qui semble réunir tous les avantages, et qui est, je crois, le seul disponible en ce moment sur le bassin de la Villette, est situé entre la grande rue de Flandre et le quai de Seine; c'est un vaste parallélogramme de 40 mètres de façade au Sud-Ouest, sur 35 mètres de profondeur; soit en superficie 1,400 mètres (A) .(*Voir* le plan, Annexe n° 6).

Il est borné au Sud-Est par un magasin, actuellement habité, d'environ 6 mètres de large, et qui longe la rue de Soissons. Ce magasin, soit à l'échéance du bail, soit immédiatement au moyen d'une indemnité, pourrait être réuni à l'emplacement vacant, qui aurait alors 46 mètres de façade, ce qui porterait à 1,600 mètres sa superficie disponible ; devant la façade passe le quai de Seine, qui a 12 mètres de largeur (B).

Au delà du quai, et entre ce quai et le franc-bord de 8 mètres (D) se trouvent des magasins en planches, de 15 mètres de largeur (C) sur 70 mètres de longueur.

L'emplacement de ces magasins est loué par la Compagnie concessionnaire des canaux à raison de 2 francs le mètre carré par an et sans bail. Pour un établissement public, propriété future de la ville de Paris, et qui devrait donner une nouvelle activité à la navigation et de nouveaux produits aux concessionnaires, la Compagnie des canaux s'empresserait, je n'en doute pas, de mettre l'emplacement (C) à la disposition de la Chambre de commerce.

Là, pourrait être élevé un bâtiment pour y loger au Nord-Ouest la Douane et ses dépendances, au Sud-Est la Manutention, reliée par une voie de fer à son dépôt.

L'Administration se trouverait au centre des maisons de transports par eau, qui sont au nombre de douze (1).

Bâtiments à élever.

Les bâtiments à élever comprendraient :

1° Un logement pour le receveur de la Douane ;

---

(1) BURNET. — Paris à Lyon.
DEHAYNIN PÈRE ET FILS. — Paris au Nord.
FAURE-BEAULIEU. — Paris au Nord.
LONGUET ET Cie. — Paris à Nantes.
LELOUP, RUEL ET Cie. — Paris à Rouen et au Havre.
MESSAGERIES PARISIENNES. — Paris à Lyon.
MULEUR ET DALLY. — Paris au Havre.
MUNCH. — Paris à Lyon et la Bourgogne.
MUSTEL ET Cie. — Paris à Lyon, la Lorraine et l'Alsace.
PÉRIER FRÈRES ET Cie. — Navigation générale à vapeur.
SOCIÉTÉ PIEAU ET Cie. — Navigation générale à vapeur
MESSAGERIES IMPÉRIALES. — Transit.

2° Un logement pour le sous-inspecteur (ces deux logements doivent être réunis en un seul corps de bâtiment);

3° Un petit logement pour le garde-magasin de la Douane ;

4° Un petit logement pour le brigadier (ces deux derniers bâtiments seraient séparés).

Pour les bureaux de la Douane :

Bureau du sous-inspecteur,

— du receveur,

— des vérificateurs,

— des commis,

Salles des garçons de bureau.

Le tout réuni dans un seul corps de bâtiment.

Pour la Manutention :

Un bureau pour le receveur,

— pour les commis,

Une salle pour les plantons.

Pour la brigade :

Un corps de garde composé de trois pièces.

Cette distribution sera l'objet d'un plan à soumettre à l'Administration des Douanes par la Chambre de commerce, ainsi que cela s'est pratiqué pour les établissements de douane dans les diverses gares des chemins de fer, créés aux frais des Administrateurs.

Coût présumé de l'hôtel.

L'établissement de l'hôtel seul sur le bassin de la Villette peut être évalué à 80,000 francs, sans y comprendre les hangars pour le service de manutention, les dépôts, le matériel nécessaire à l'exploitation et autres accessoires.

Quant à la dépense de construction des magasins de dépôt pour marchandises, il est à peu près impossible d'en faire ici aucune évaluation, même approximative.

On ne pourra s'en rendre compte que lorsque la Chambre aura nommé

une commission pour visiter les localités, et que cette commission aura
examiné le terrain indiqué dans le plan ci-joint.

Je termine mon rapport en vous mettant sous les yeux à titre d'annexes :

1° L'article 14 du décret sur l'organisation des Chambres de commerce ;

2° Le texte de la loi de Douanes du 2 juillet 1836 ;

3° Le texte du règlement sur le service international par chemin de
fer entre la France, la Belgique et la Prusse ;

4° Les articles de lois qui régissent nos entrepôts ;

5° Ceux qui règlementent le dépôt des marchandises en Douane ;

6° Un plan de l'emplacement actuellement disponible près du bassin
de la Villette ; il a été dressé à l'échelle de 2 millimètres pour mètre.

Me voici, Messieurs, au terme de mon travail.

Je vous ai retracé la lutte engagée entre les chemins de fer et la
batellerie ; je vous ai dit la puissance et les avantages des premiers,
l'état précaire où se trouve la seconde.

Je vous ai montré que malgré les efforts faits pour la détruire, la
batellerie peut résister longtemps encore, en raison des services qu'elle
rend, des sympathies qui l'entourent et qu'ont exprimées si chaudement
la Chambre de commerce d'Amiens, et surtout celle de Lille, que préside
d'une manière si brillante l'honorable M. F. Kuhlmann.

J'espère avoir fait passer dans votre esprit la conviction que l'établissement dans chacune des gares de chemin de fer de Paris d'une Douane
et d'une Manutention amènera dans un avenir prochain une réduction
considérable dans les opérations de la Douane actuelle ; que la création d'une nouvelle Douane, d'une Manutention et d'un Magasin
de dépôt serait d'une grande utilité pour le commerce, et particulièrement pour la batellerie dont elle faciliterait les transactions ;
qu'enfin cette création servirait tout à la fois les intérêts du Trésor, qui

voit de jour en jour s'affaiblir par la dissémination des agents des Douanes, ses moyens de surveillance et ses garanties;

De la Manutention, dont il est important de maintenir les ressources si bien administrées par la Chambre;

Du commerce, qui retrouvera au bassin de la Villette cette forte centralisation administrative, cause naturelle du développement des opérations de la Douane centrale;

De la batellerie, qui y puisera de nouvelles forces et de nouveaux succès;

Des maisons de roulage et des emballeurs, dont l'existence est sérieusement menacée par les nouveaux services montés dans les gares;

De la Société des canaux, qui verra grossir ses revenus et se développer l'activité commerciale de son bassin;

Enfin de la ville de Paris, dont les larges voies de communication, ouvertes à si grands frais, cesseront d'être encombrées et endommagées par les camions, en même temps qu'elle verra se construire, au moyen d'un impôt volontaire payé par le commerce, au milieu d'un quartier délaissé, des bâtiments vastes qui deviendront sa propriété à l'expiration du bail emphytéotique consacré par l'usage,

Il y a quinze ans, Messieurs, vos prédécesseurs ont créé la Douane centrale de Paris avec ses services annexes; ils ont rendu au commerce un immense service dont les ont récompensés les louanges si méritées adressées de toutes parts à l'Etablissement actuel; vous voudrez aussi attacher votre nom à la nouvelle création que réclament tant d'intéressés, et la Douane de la Villette, si j'en crois mes pressentiments, est appelée à jouer dans l'avenir un rôle plus brillant encore que celui de la Douane actuelle.

Daignez agréer,
  Messieurs,
    la nouvelle assurance de mon respect
     et de mon dévouement,

Le Directeur de la Manutention du commerce
près la Douane de Paris,

MORÉNO - HENRIQUÈS.

Paris, le 18 novembre 1856.

ANNEXE N° 1.

BULLETIN DES LOIS.

17 Septembre 1851.

DÉCRET sur l'organisation des Chambres de Commerce; Bulletin des Lois n° 1542; — N° 3239, leurs attributions; — Lois des 28 ventôse an IX, 25 juillet 1820, 14 juillet 1838, et 25 avril 1844, et arrêtés, décrets et ordonnance des 3 nivôse an XI, 23 septembre 1806, 16 juin 1832 et 19 juin 1848.

ARTICLE 14.

Les établissements créés pour l'usage du commerce, comme les magasins de sauvetage, entrepôts, conditions pour les soies, cours publics pour la propagation des connaissances commerciales et industrielles, sont administrés par les chambres de commerce, s'ils ont été formés au moyen de contributions spéciales sur les commerçants. L'administration de ceux de ces établissements qui ont été formés par dons, legs ou autrement, peut leur être remise, d'après le vœu des souscripteurs et donateurs; enfin, cette administration peut leur être déléguée pour les établissements de même nature qui seraient créés par l'autorité.

ANNEXE N° 2.

LOI DU 2 JUILLET 1856

RELATIVE AUX DOUANES.

SECTION IV.

DISPOSITIONS RÉGLEMENTAIRES.

ARTICLE 5.

Droit de tonnage.

Le droit de tonnage sur les navires français venant du royaume-uni de la Grande-Bretagne, ou de ses possessions en Europe, est fixé à un franc, non compris le décime.

ARTICLE 6.

Droit de francisation et de transfert.

Il ne sera plus payé pour les bâtiments au-dessous de 100 tonneaux, savoir : à titre de droit de francisation, que 9 centimes, et, à titre de transfert, que 6 centimes par tonneau. Les droits fixes, établis par les articles 17 et 26 de la loi du 27 vendémiaire an XI, continueront de s'appliquer à la francisation et au transfert des bâtiments de 100 tonneaux et au-dessus.

ARTICLE 7.

Timbre.

Les manifestes des navires et les déclarations des marchandises qui doivent être fournis aux douanes, sont affranchis du timbre.

Les capitaines de navire seront tenus, à leur entrée dans les ports, de présenter aux employés des douanes, dès que ceux-ci aborderont le navire, le journal de bord, lequel sera visé au bas de la dernière ligne d'écriture, par le chef ou l'un des préposés des douanes.

ARTICLE 10.

TRANSIT.

Liquides ou fluides.

Les liquides ou fluides, en bouteilles ou en cruchons, autres que les produits chimiques ou médicaments, seront admis au transit en tous sens, sous les conditions générales du transit et sous l'obligation du double emballage et du double plombage.

Les manquants reconnus, à la sortie, ne provenir que du bris des vases intérieurs, donneront simplement lieu au payement des droits d'entrée, ou, si le liquide ou fluide est prohibé, au payement de la valeur.

Huiles grasses.

Les huiles grasses, admises au transit, pourront entrer et ressortir par tous les bureaux ouverts au transit.

Tresses et chapeaux de paille.

Les tresses et chapeaux de paille et d'autres végétaux, sont également admis à la faculté du transit, sous les conditions réglées par les lois générales.

Ardoises.

Le transit des ardoises est autorisé par les bureaux des rivières Saint-Menge et Givet (Ardennes).

ARTICLE 17.

Plombage des écoutilles.

Les embarcations françaises pourront, si elles ont des magasins à parois solides, et entièrement séparés des chambres et autres endroits accessibles aux gens de l'équipage, n'être assujetties qu'au plombage des écoutilles, dont la douane, d'ailleurs, assurera la fermeture par tous les moyens qu'elle jugera nécessaires, y compris l'escorte des préposés qu'elle pourra mettre à bord.

Cette disposition sera commune à tous les bâtiments chargés qui entreront dans l'Ill par le Wantzenau pour arriver à l'entrepôt de Strasbourg, ou qui chargeront en réexportation, à cet entrepôt.

ARTICLE 19.

Expéditions par cabotage.

Les expéditions par cabotage d'un port du royaume à un autre ne seront assujetties à l'acquit-à-caution que dans les cas ci-après :

1° Si les marchandises expédiées sont prohibées à la sortie, ou si elles appartiennent à la classe des céréales ;

2° Pour les marchandises tarifées au poids, si elles sont passibles, à la sortie, d'un droit de plus de 50 centimes par 100 kilogr.; et, pour les autres, si le droit de sortie répond à plus d'un quart pour cent de la valeur, décime compris.

Il ne sera délivré qu'un simple passavant pour toutes autres marchandises, et la douane pourra aussi affranchir de l'acquit-à-caution les marchandises désignées par le précédent paragraphe, lorsque la somme des droits dont elles seraient passibles, à la sortie, ne s'élèvera pas à plus de 3 fr. par espèce et par expéditeur.

ARTICLE 20.

Cas où le plombage a lieu.

L'identité des marchandises expédiées par cabotage, soit avec acquit-à-caution, soit avec passavant, ne sera garantie par le plombage des douanes que dans les cas ci-après :

1° Si les marchandises sont prohibées à l'entrée ou à la sortie ;

2° Pour les marchandises tarifées au poids, si elles sont passibles d'un droit qui, avec le décime, s'élève à plus de 20 fr. par 100 kilogr.; et pour les autres, si le droit d'entrée répond à plus du dixième de la valeur.

Toutes autres marchandises restent affranchies du plombage pour les cas ci-dessus, ainsi que pour les réexportations et mutations d'entrepôt par mer.

Des ordonnances du roi pourront, en outre, affranchir du plombage, sauf révocation en cas d'abus, celles des marchandises désignées par les numéros 1 et 2 ci-dessus, à l'égard desquelles l'exemption de cette formalité sera jugée être sans inconvénient.

Des ordonnances du roi, révocables en cas d'abus, pourront également dispenser de la formalité du plombage dans tous les cas où elle est exigée, les marchandises dirigées sur un entrepôt intérieur, soit qu'elles soient expédiées d'un port ou d'un autre entrepôt maritime ou intérieur.

Les articles 3 (titre III) de la loi du 22 août 1791, 14 de la loi du 7 juin 1820 et 17 de la loi du 27 juillet 1822 sont abrogés.

Article 21.

Prix des plombs.

Le prix de chaque plomb appliqué dans les douanes, en vertu des lois et ordonnances, est réduit à 25 centimes dans les cas ci-après :

1° A la réexportation directe, par mer, des marchandises reçues en entrepôt ;

2° Pour le second plombage prescrit à l'égard des diverses marchandises admises au transit ;

3° Pour les marchandises de prime ou de transit qui, après avoir été vérifiées dans un port ou bureau de sortie qui ne touche pas immédiatement à l'étranger, doivent être remises sous le sceau des douanes pour en assurer le passage définitif, soit en haute mer, soit sur le territoire de la domination limitrophe ;

4° Pour les marchandises expédiées sur les entrepôts créés en vertu de la loi du 27 février 1832, ou qui seront extraites de ces entrepôts, soit pour être réexportées, soit pour être dirigées sur d'autres entrepôts du royaume ;

5° Pour les céréales expédiées en transit.

Pour tous les autres cas, il reste fixé à 50 c. Ce prix comprendra la fourniture de la matière première, celles des cordes et ficelles, les frais de main-d'œuvre et d'application des plombs.

Toutefois, dans la Douane de Paris, les frais de cordage et d'emballage continueront d'être à la charge des expéditeurs, conformément aux dispositions de l'ordonnance du 28 mars 1830.

Article 23.

Bâtiments de la marine militaire ou marchande.

Les bâtiments à vapeur de la marine française militaire ou marchande, qui naviguent en mer ou sur les affluents, jusqu'au dernier bureau de douanes, pourront se servir de houilles étrangères prises dans les entrepôts, en payant le simple droit de 15 c. par 100 fr. de valeur.

La présente loi discutée, etc.

ANNEXE Nº 3.

ARRÊTÉ DU 31 DÉCEMBRE 1848.

RÈGLEMENT du service international par chemin de fer, entre la Belgique, la France et la Prusse, dans ses rapports avec la douane.

Séance du 8 octobre 1848.

L'an mil huit cent quarante-huit, le huit octobre, la Commission mixte instituée pour le règlement du service international par chemins de fer, entre la Belgique, la France et la Prusse, s'est réunie, une dernière fois, au ministère des travaux publics, à Bruxelles.

Furent présents :

MM. Masui, Directeur de l'Administration du chemin de fer de l'État ;
Quoilin, Directeur au ministère des Finances ;
Carolus, Conseiller de légation à Paris ;
Grosfils, Chef de division au ministère des Travaux publics ;
Van Roost, Inspecteur en chef des Douanes sur les chemins de fer de l'État ;

Commissaires chargés des pouvoirs du Gouvernement belge.

MM. Gréterin, Directeur des Douanes ;
Buchet-Martigny, Consul général ;
De Condé, ancien membre du conseil d'État, et inspecteur principal du Gouvernement près les Compagnies de chemins de fer ;

Commissaires chargés des pouvoirs du Gouvernement français.

M. Helmentag, Conseiller intime supérieur des finances, Directeur des contributions indirectes et des douanes ;

Commissaire chargé des pleins pouvoirs du Gouvernement prussien.

Après avoir, dans leurs réunions précédentes, achevé la révision des bases d'un projet de convention, parafé dans la séance du 14 décembre 1847, et en attendant que les Gouvernements respectifs se soient entendus pour arrêter une convention définitive, les commissaires, à ce dûment autorisés, ainsi qu'ils en ont justifié, déclarent qne les dispositions suivantes seront exécutées à partir du 1er janvier 1849.

CHAPITRE Ier.

Convois de marchandises.

ARTICLE 1er.

Toutes marchandises placées dans des wagons à coulisses ou sous bâches, dûment fermés à l'aide de plombs ou de cadenas, seront dispensées de la visite par la Douane aux bureaux frontières respectifs, soit à l'entrée, soit à la sortie, tant de nuit que de jour, les dimanches et jours fériés comme tout autre jour ; sous les réserves, et moyennant les conditions et formalités déterminées aux articles suivants :

ARTICLE 2.

Provisoirement, cette dispense ne s'applique qu'aux wagons destinés pour l'une ou l'autre des localités ci-après, savoir :

En Belgique : Mons, Bruxelles, Anvers, Gand, Liége.
En France : Lille, Valenciennes, Paris.
En Prusse : Aix-la-Chapelle, Cologne.

ARTICLE 3.

Tout colis pesant moins de 25 kilogrammes (demi-quintal du Zollverein) ne pourra être admis que dans un wagon à coulisses.

ARTICLE 4.

Chaque Administration des Douanes respectera les plombs et cadenas apposés par celle de chacun des deux autres États, après s'être assurée qu'ils présentent toutes les conditions voulues, et sauf à les compléter s'il y a lieu.

Cette disposition s'applique aux wagons expédiés à l'une des destinations indiquées à l'article 2, et de plus, en ce qui concerne la Belgique, aux wagons expédiés sur Verviers, pour les importations de Prusse.

ARTICLE 5.

Chaque convoi sera accompagné d'une feuille de route distincte par lieu de destination, et d'un modèle uniforme pour les trois États.

Cette feuille, préparée par les soins des Administrations des chemins de fer, sera soumise au visa des employés des Douanes au lieu de chargement. Elle relatera le nombre et le numéro des wagons, et présentera toutes les indications prescrites pour les déclarations de Douane en détail, dans les États respectifs.

Article 6.

Chaque convoi sera placé sous l'escorte non interrompue d'employés des Douanes, sans autres frais, pour les Administrations des chemins de fer, que l'obligation de les placer, soit à l'aller, soit au retour, dans les convois aussi près que possible des wagons de marchandises.

Article 7.

Les employés d'escorte devront accompagner les trains sur le territoire du pays voisin, jusqu'à la première station où il y a un bureau de Douane. Ils ne pourront abandonner le convoi qu'après la remise des documents aux employés des Douanes dans cette station.

Article 8.

Avant le passage d'un territoire sur un autre, les wagons devront être fermés et bâchés, de telle sorte que la Douane n'ait plus qu'à y apposer les plombs ou cadenas, après s'être assurée du bon conditionnement.

Article 9.

Les cadenas seront de modèle uniforme dans les trois États, et porteront les armes réunies des trois pays.

Les plombs présenteront l'indication du bureau où ils ont été apposés.

CHAPITRE II.

Convois de voyageurs.

Article 10.

La faculté accordée par l'article 1er, aux convois de marchandises, de franchir la frontière pendant la nuit et les jours des dimanches et fêtes, est étendue aux convois de voyageurs.

Article 11.

Les bagages non visités au bureau-frontière, seront accompagnés d'une feuille de route et d'un document de Douane. Ils seront placés dans des wagons fermés avec plombs ou cadenas, sous l'escorte d'employés des Douanes.

Article 12.

Les bagages seront, en général, visités au bureau-frontière.

Toutefois, les voyageurs se rendant :

De France à Bruxelles, par Quiévrain ;
De France à Aix-la-Chapelle ou Cologne, par la Belgique, en passant par Quiévrain, Bruxelles et Verviers ;
De Belgique à Valenciennes ou Paris, par Quiévrain ;
De Belgique à Lille, par Mouscron ;
De Belgique à Aix-la-Chapelle ou Cologne, par Verviers ;
De Prusse à Verviers, par Wilkenraëdt ;
De Prusse à Valenciennes ou Paris, par la Belgique, en passant par Verviers, Bruxelles et Quiévrain. auront la faculté de faire visiter leurs bagages, soit au bureau-frontière, à l'entrée dans chaque pays, soit au lieu de destination.

Article 13.

Les voyageurs ne pourront conserver avec eux, dans les voitures, aucun colis contenant des marchandises soumises aux droits ou prohibées.

Article 14.

Tous objets passibles de droits, transportés par les convois de marchandises, restent soumis aux conditions et formalités établies pour ceux dont le transport s'effectue par les convois de marchandises.

CHAPITRE III.

Dispositions générales.

Article 15.

Le départ des trains de marchandises ou de voyageurs expédiés de Belgique sur Paris, par l'embranchement de Lille, devront être combinés de manière à ce que ces trains puissent être réunis à Douai, point de bifurcation, à ceux qui arrivent, sous escorte, du Zollverein et de Belgique par la voie de Valenciennes.

Article 16.

Une limite est admise, en principe, pour le nombre des convois qui pourront passer journellement les frontières respectives sous le bénéfice de la présente convention. Cette limite pourra être dépassée dans l'intérêt du service des chemins de fer, si les administration des Douanes, chacune en ce qui la concerne, en reconnaissent l'utilité.

ARTICLE 17.

A l'arrivée des marchandises au lieu de destination, elles seront déposées dans des bâtiments fournis par les administrations des chemins de fer, agréés par l'administration des Douanes, et susceptibles d'être fermés. Elles y resteront sous la surveillance non interrompue des employés de cette administration, et en seront enlevées pour la consommation, pour l'entrepôt ou le transit, sur une déclaration en détail à faire dans le délai voulu, et après l'accomplissement des formalités prescrites.

Le déchargement des wagons s'effectuera immédiatement après l'arrivée des convois.

ARTICLE 18.

Dans les stations où il n'y a pas encore de bâtiments se trouvant dans les conditions indiquées à l'article précédent, le déchargement des wagons se fera au plus tard dans le délai de trente-six heures après l'arrivée du convoi.

ARTICLE 19.

Les administrations des chemins de fer devront informer au moins huit jours à l'avance, les administrations des Douanes, des changements qu'elles voudront apporter dans les heures de départ, de passage et d'arrivée des trains de jour ou de nuit, sous peine d'être tenués de remplir à la frontière toutes les formalités ordinaires de Douane.

ARTICLE 20.

En principe, la division des convois, lorsqu'elle sera demandée, pourra être accordée aux bureaux-frontières jusqu'à concurrence de 10 wagons.

En cas de nécessité reconnue par l'employé supérieur des Douanes dans la station, une subdivision plus grande pourra être permise aux bureaux-frontières ci-après, savoir :

Quiévrain, Mouscron, Anvers et Wilkenraedt, pour la Belgique ;
Valenciennes et Lille, pour la France ;
Aix-la-Chapelle, pour la Prusse.

ARTICLE 21.

Sous les réserves et moyennant les conditions et formalités établies pour l'entrée des convois de marchandises et de voyageurs d'un pays dans l'autre, les mêmes facilités seront accordées aux convois de marchandises et de voyageurs, dans leur passage à travers le territoire de la Belgique, pour aller de France en Prusse, et *vice versâ*.

De même en ce qui concerne le territoire français, les marchandises expédiées du Zollverein ou de Belgique, en destination de Rouen ou du Havre, et *vice versâ*, pourront être transbordées à Paris, dans les gares des chemins de fer de Rouen ou du Nord, afin de combler la solution de continuité qui existe maintenant entre ces chemins de fer, pourvu que toutes les garanties nécessaires soient offertes à l'administration des Douanes de France.

Article 22.

Les douaniers convoyeurs seront admis dans les voitures de deuxième classe des convois de voyageurs, et dans les compartiments des gardes des convois de marchandises.

Article 23.

Il est bien entendu que, par les présentes dispositions, il n'est dérogé en rien aux lois de chaque pays, en ce qui concerne les pénalités encourues dans les cas de fraude ou de contravention, pas plus qu'à celles qui ont prononcé des prohibitions ou des restrictions en matière d'importation, d'exportation ou de transit, et qu'il reste libre à l'administration des Douanes, dans chaque pays, de faire procéder à la vérification des marchandises et autres formalités aux bureaux-frontières, s'il existait de graves soupçons de fraude.

Article 24.

Les administrations des Douanes, dans les trois États, se communiqueront réciproquement les instructions et circulaires adressées à leurs agents, concernant l'exécution des présentes dispositions.

Elles prendront, de concert, les mesures nécessaires pour que les heures de travail des employés des Douanes soient mises, autant que possible, en rapport avec les besoins sainement appréciés du service des chemins de fer.

Article 25.

Dans le cas où l'une des parties contractantes voudrait faire cesser les effets des dispositions ci-dessus consignées, elle devrait en prévenir les deux autres, au moins six mois à l'avance.

Le présent procès-verbal, rédigé en français et en allemand, a été expédié en triple exemplaire dans ces deux langues, et il en a été retiré un par les commissaires de chacune des parties contractantes.

Ainsi fait à Bruxelles, les jour, mois et an que dessus, et les commissaires ont signé après lecture.

Suivent les signatures :

HELMENTAG.   MASUI.   D. GRÉTERIN.
QUOILIN.   BUCHET-MARTIGNY.
CAROLUS.   DE CONDÉ.
GROS fils.
VAN ROOST.

Pour copie conforme :

Le Directeur de l'Administration des Douanes,

(Signé) TH. GRÉTERIN.

ANNEXE N° 4.

LIVRE VI.

ENTREPOTS ET MARCHANDISES ADMISES TEMPORAIREMENT.

CHAPITRE PREMIER.

ENTREPOT RÉEL. — PORTS D'ENTREPOTS.

ARTICLE 429.

Il y aura un entrepôt réel de marchandises et denrées étrangères coloniales et autres, non prohibées (1) à l'entrée, dans les ports (2)... à la charge de les réexporter ou d'en payer les droits à l'expiration du délai d'entrepôt (Loi du 8 floréal an xi, article 23).

Bâtiment à fournir par le commerce.

ARTICLE 430.

Les villes auxquelles l'entrepôt réel est accordé n'en jouiront qu'à la charge de fournir sur le port des magasins convenables, sûrs et réunis en un seul corps de bâtiment pour y établir ledit entrepôt (3); à l'effet de quoi le plan du local est pré-

---

(1) Il y a exception : 1° pour les marchandises prohibées, dites de traite, destinées pour le Sénégal et les côtes d'Afrique (Loi du 8 floréal an xi, art. 24).

Voir la nomenclature de ces marchandises au livre X, n° 777.

(2) 2° Pour les tabacs exotiques en feuilles qui sont admissibles en entrepôt réel dans certains ports.

(3) Là où l'entrepôt, même sous double clef, est encore, faute de bâtiments publics gardés par la Douane, établi dans des magasins particuliers, l'entrepositaire est tenu de passer une soumission cautionnée comme pour l'entrepôt fictif (Circulaire du 23 mai 1826, n° 987).

Voir pour l'Entrepôt de Marseille le livre X, chapitre III.

senté au Gouvernement, qui, après avoir fait examiner s'il est propre à sa destination, l'y affectera, s'il y a lieu, par un arrêté spécial (Loi du 8 floréal an XI, article 25).

<h3 align="center">ARTICLE 431.</h3>

Tous les magasins servant d'entrepôt réel seront fermés à deux clefs, dont l'une restera entre les mains des préposés de l'administration des Douanes et l'autre dans les mains du commerce (Loi du 8 floréal an XI, article 26).

<h3 align="center">ARTICLE 432.</h3>

Les marchandises destinées pour l'entrepôt réel seront placées dans des magasins uniquement affectés à leur nature, soit par une division et une nouvelle distribution des bâtiments d'entrepôt acceptés en exécution des articles 25 et 26 de la loi du 8 floréal an XI, soit en laissant au commerce l'option de fournir un local séparé qui présente les sûretés requises par la loi (Ordonnance du 9 janvier 1818, article 1er).

<h3 align="center">ARTICLE 433.</h3>

Dans les ports où l'insuffisance de l'emplacement de l'entrepôt réel l'exigera, les laines étrangères non filées ni teintes pourront être mises en entrepôt dans les magasins que fournira le propriétaire ou consignataire, pourvu qu'ils soient reconnus sûrs, convenables et fermés de deux clefs, dont l'une restera déposée à la Douane (Ordonnance du 9 janvier 1818, article 2).

<h3 align="center">Marchandises de transit.</h3>

<h3 align="center">ARTICLE 434.</h3>

Les marchandises expédiées en transit des frontières de terre sur les ports où il existe un entrepôt réel, pourront y être admises comme si elles arrrivaient par mer (1), elles acquitteront, à la réception, le même droit que les marchandises venues à l'entrepôt par la voie de mer. Si on les déclare pour la consommation intérieure, le droit de transit perçu au premier bureau sera pris en déduction du droit d'entrée (2) (Loi du 17 mai 1826, article 13).

<h3 align="center">Déclaration de visite.</h3>

<h3 align="center">ARTICLE 435.</h3>

Les marchandises venant à destination de l'entrepôt ne pourront y être admises

---

(1) Elles peuvent être réexpédiées de cet entrepôt, soit en transit, soit par mutation d'entrepôt (Décision administrative du 21 janvier 1840).

(2) Ce droit a été supprimé par l'article 6 de la loi du 9 juin 1845.

que sur une déclaration de détail (1) remise dans la forme et sous les mêmes peines
que s'il s'agissait de marchandises déclarées pour la consommation immédiate (2)
(Circulaire du 23 août 1821, n° 672).

ARTICLE 436.

Toute marchandise reçue à l'entrepôt sera préalablement soumise à la visite des
agents des Douanes (3). Si cette visite fait découvrir un excédant de poids à la
déclaration, et que cet excédant soit de plus d'un vingtième pour les métaux et du
dixième pour les autres marchandises, il sera immédiatement soumis, à titre
d'amende, au paiement du simple droit, après quoi l'excédant, ainsi que les quantités déclarées, seront reçus en entrepôt sous les mêmes conditions (4) (Loi du
22 août 1791, titre II, art. 48, et Décis. admin. du 28 octobre 1836).

Sommier.

ARTICLE 437.

Les marchandises admises en entrepôt seront inscrites sur un registre (5) (sommier ou compte-ouvert) d'après les résultats de la visite. Ce registre mentionnera
l'espèce, la qualité, la quantité et la provenance des marchandises ainsi que le
pavillon du navire importateur (6) (Circulaire du 15 février 1822, n° 709).

A l'entrée comme à la sortie, on doit indiquer au sommier d'entrepôt le poids
brut de toutes les marchandises tarifées au poids ; les dixième et onzième colonnes
de l'entrée sont destinées à indiquer, l'une, l'espèce de la tare (réelle ou légale),
l'autre, le poids réel, lorsque ce poids a été déclaré et constaté (Décis. admin. du
2 avril 1846).

---

(1) Les marchandises entreposées sous le nom d'une maison de commerce, et par elle, sont
réputées sa propriété, ce qui écarte toute revendication de tiers (Arrêt de la cour de Rouen du
7 juin 1817).

(2) Cette régle, plutôt rappelée que prescrite par la Circulaire n° 672, ressort de la nature même
des choses qui veut que toute marchandise destinée pour l'entrepôt soit visitée, et que la visite
soit précédée d'une déclaration (Voir au livre II les règlements généraux sur cet objet).

(3) Voir pour les formalités de la visite le livre II, chapitre VI.

(4) Cette dernière disposition a été confirmée par le n° 137 du tableau des instructions trans-
mises par la Circulaire n° 2046, et par une décision administrative du 20 février 1847.

(5) Le sommier, série M, n° 30, est indistinctement applicable à tous les modes d'entrepôt des
marchandises autres que les grains et farines pour lesquels il existe une formule particulière,
n° 39 *bis;* seulement les marchandises mises en entrepôt fictif ou spécial seront préalablement
transcrites sur un registre, n° 37 B, servant à la fois de déclaration en détail et de soumission
d'entrepôt (Circulaire du 29 août 1845, n° 2084).

(6) Il mentionne aussi la valeur des marchandises, lorsqu'elle est nécessaire pour l'application
du tarif (Circulaire du 23 mai 1826, n° 987.)

Durée de l'entrepôt.

ARTICLE 438.

La durée de l'entrepôt réel, tel qu'il est autorisé par l'article 25 de la loi du 8 floréal an ii (1) sera de trois années. Si, à l'expiration des délais fixés, il n'est pas satisfait à l'obligation d'acquitter les droits ou de réexporter, les droits seront liquidés d'office (2), et si l'entrepositaire ne les a pas acquittés dans le mois de la sommation qui lui en sera faite à son domicile s'il est présent, ou à celui du maire s'il est absent, les marchandises seront vendues, et le produit de la vente, déduction faite de tous droits et frais de magasinage ou de toute autre nature, sera versé à la caisse des dépôts et consignations, pour être remis au propriétaire, s'il est réclamé dans l'année à partir du jour de la vente, ou à défaut de réclamation dans ce délai, être définitivement acquis au Trésor (3) (Loi du 17 mai 1826, art. 14).

ARTICLE 439.

Le délai d'entrepôt ne pourra être prolongé que par l'Administration à laquelle des demandes motivées devront être soumises assez à temps pour obtenir sa décision avant l'expiration du terme de l'entrepôt (4) (Circulaire admin. du 15 décembre 1818, nº 449).

Recensement.

ARTICLE 440.

Il sera procédé, chaque année, à un recensement général (5) des marchandises devant exister en entrepôt.

---

(1) Pour les entrepôts qui ne sont pas constitués selon le vœu de la loi, la durée de l'entrepôt n'est que d'une année, conformément à l'article 23 de la loi du 8 floréal an ii (Circulaire du 23 mai 1826, nº 987).

L'entrepôt n'existant que par la transcription des marchandises sur le sommier, c'est à partir du jour où cette transcription a eu lieu que doit courir la durée légale de l'entrepôt (Déc. adm. du 21 novembre 1844).

(2) Quand par suite de l'expiration des délais d'entrepôt et à défaut de prorogation régulièrement obtenue, les droits sur les marchandises entreposées sont liquidées d'office, la liquidation doit avoir lieu d'après le tarif applicable au moment où le délai légal d'entrepôt s'est trouvé périmé (Tarif de 1844, nº 22).

(3) Voir pour les sommations à faire et les formalités de la vente le nº 1136.

(4) Les demandes remises aux Directeurs font l'objet d'un état en double expédition que ces chefs adressent tous les mois à l'Administration. Si son consentement ne parvient pas avant l'expiration du délai, la durée de l'entrepôt est provisoirement maintenue. Quand sa décision est négative, le délai ne cesse que depuis qu'elle est transmise au commissionnaire (Circulaire du 15 décembre 1818, nº 448).

(5) Ce recensement est indépendant des recensements partiels qui peuvent avoir lieu dans le

Les écritures inexactes, qui auraient donné lieu à des différences entre les registres et la situation effective de l'entrepôt, ne pourront être rectifiées sans l'autorisation de l'administration (Circulaire du 3 vendémiaire an XII).

Le simple droit d'entrée sera perçu sur les déficits reconnus par suite de recensement (1) (Loi du 8 floréal an XI, et Circulaire du 21 janvier 1819, n° 461).

Échantillons.

ARTICLE 441.

Les droits d'entrée seront perçus sur les échantillons prélevés en entrepôt, et le compte de l'entrepositaire sera déchargé d'autant (2) (Circulaire du 24 août 1818, n° 422.).

Transferts de Propriété.

ARTICLE 442.

Les entrepositaires resteront, en vertu de leurs déclarations, obligés soit de réexporter la marchandise ou d'en payer les droits, soit de répondre des déficits reconnus à l'époque des recensements ou à la sortie d'entrepôt (3). Leur responsabilité à cet égard subsistera lors même qu'ils auront cessé d'être propriétaires des objets entreposés, tant qu'ils n'auront pas déclaré et justifié la cession du transfert de leur propriété à un tiers, et fait intervenir ce tiers pour s'engager envers la Douane (4) (Circulaire du 1er mars 1832, n° 1308).

Manipulations des marchandises.

ARTICLE 443.

Dans l'intérieur des magasins, tout déballage de marchandises, tout mélange, bénéficiement ou simple transvasement, division ou réunion de colis sont expressé-

---

courant de l'année ; pour faciliter ces sortes d'opérations, il importe que les marchandises soient classées avec ordre dans les magasins et que les étiquettes indiquent le numéro du sommier où elles sont reprises (Circulaire du 1er mars 1832, n° 1308).

(1) La remise des droits peut être accordée par l'Administration, n° 446.

(2) Cette décharge a lieu au moyen d'annotations qui établissent la réduction du poids de chacun des colis d'où les échantillons ont été extraits, de manière que le poids de ces échantillons ne puisse compter pour déficit, etc., etc.

(3) C'est une conséquence de l'article 23 de la loi du 8 floréal an XI, n° 429, qui n'accorde l'entrepôt qu'à la charge de réexporter les marchandises ou d'en payer les droits (Voir pour les déficits, le n° 246.)

(4) Ce principe a été consacré, en matière d'entrepôt fictif, par plusieurs arrêts de la Cour de cassation, et particulièrement par ceux des 2 mai 1809 et 9 mars 1835 (n° 469).

ment interdits aux entrepositaires **(1)** s'ils n'ont préalablement obtenu, à cet effet, l'autorisation de l'agent supérieur de la Douane **(2)** (Circulaire du 1er mars 1832, n° 1308).

Déclaration. — Sortie d'entrepôt.

ARTICLE 444.

Lorsque les entrepositaires voudront obtenir la sortie d'entrepôt de leurs marchandises, ils en feront la déclaration au bureau de la Douane **(3)** (Circulaire du 1er mars 1832, n° 1308).

Indépendamment des indications constatées à l'entrée, la déclaration mentionne la destination ultérieure des marchandises, et, s'il y a lieu, le nom et le pavillon du navire à bord duquel elles doivent être chargées, ainsi que le nom du capitaine (Circulaire du 1er mars 1832, n° 1308).

Pour les marchandises imposées à la valeur, qu'on retire d'entrepôt, le commerce est libre de modifier sa déclaration primitive, sauf à la Douane à faire usage, s'il y a lieu, du droit de préemption (Décis. admin. du 19 février 1830).

Visite.

ARTICLE 445.

A la sortie d'entrepôt, les vérificateurs procéderont de nouveau à la visite des marchandises pour s'assurer qu'elles sont identiquement les mêmes, et qu'on n'a rien ajouté ni soustrait **(4)** (Circulaire du 1er mars 1832, n° 1308).

---

(1) Il y a une exception en faveur de Bayonne. L'article 58 du décret du 20 juillet 1808 porte que la conversion des grosses caisses ou futailles en sacs et ballots de moindre volume s'exécutera dans l'entrepôt même de la douane et sous les yeux des préposés. Mais, à l'égard de certaines marchandises, et particulièrement des denrées coloniales, la division ne peut avoir lieu qu'en colis de 60 kilogr. au moins (Déc. admin. du 17 avril 1833).

(2) Lorsque ces opérations sont autorisées, elles ne doivent avoir lieu qu'en présence des employés que le chef a délégués pour les constater immédiatement. Le résultat en est ensuite inscrit au sommier. En cas de transvasement, de division ou de réunion, les colis qu'on veut substituer aux colis primitifs doivent être pesés vides ainsi que ces derniers, et la différence entre le poids des uns et celui des autres est annotée au registre pour qu'on puisse se rendre compte de la différence qui en résulte sur le poids brut de la marchandise (Circulaire du 1er mars 1832, n° 1308).

(3) Ces déclarations sont écrites sur des feuilles, n° 34, servant en même temps de permis et de certificat de visite, et sont remises gratis aux négociants (Circulaire du 29 août 1845, n° 2081).

(4) Ces visites sont régies par les règlements généraux rapportés au livre II, chapitre 6e.

Elles sont plus ou moins complètes suivant la nature de l'opération ou des marchandises, lorsqu'il s'agit de mutation d'entrepôt, de réexportation ou de transit. Pour ce qui passe à la con-

Déficits.

ARTICLE 446.

Les droits d'entrée sont immédiatement exigibles, même en cas de réexportation, sur les différences en moins que les visites à la sortie auront fait découvrir (1) (Loi du 8 floréal an xi, et Circulaire du 1er mars 1822, n° 1308).

Mise en consommation.

ARTICLE 447.

Les marchandises retirées d'entrepôt pour la consommation (2) seront passibles des droits qui se trouveront en vigueur au moment où on les déclarera pour la con-

---

sommation, on se dispense en général de la visite, à moins que l'entrepositaire ne demande un nouveau pesage, afin de faire constater le déchet que la marchandise peut avoir éprouvé pendant son séjour en entrepôt (Circulaire du 1er mars 1832, n° 1308).

La visite est indispensable pour les marchandises imposées *ad valorem*, puisque le droit doit porter sur la valeur actuelle de l'objet (Circulaire du 23 mai 1826, n° 987).

(1) L'entrepôt est aux risques de qui l'obtient. Il n'est accordé que sous l'expresse condition qu'on paiera les droits d'entrée sur ce qui est reconnu lors de la mise en magasinage, ou que l'on réexportera identiquement et intégralement les mêmes choses, d'où résulte la règle établie ci-dessus ; mais, dans la pratique, l'Administration a reconnu qu'elle pourrait devenir trop rigoureuse en beaucoup de circonstances, et elle s'est réservé d'y renoncer toutes les fois que les marchandises ont été repesées en totalité et qu'il est avéré que les déficits proviennent du déchet naturel que certaines marchandises éprouvent pendant la durée de leur séjour en entrepôt réel. L'examen spécial et l'espèce de jugement d'équité nécessaires en pareil cas sont dévolus à l'Administration, qui statue elle-même sur toutes les demandes relatives aux déficits.

L'entrepositaire d'une marchandise volée dans l'entrepôt réel, constitué conformément à la loi du 8 floréal an xi, ne peut pas être déclaré responsable du droit d'entrée dont elle est le gage, s'il produit la preuve authentique du vol et établit ainsi que des circonstances indépendantes de sa volonté le mettent dans l'impossibilité de la représenter (A. de C. des 24 nivôse et 5 ventôse an ii, et Déc. adm. du 10 novembre 1835).

(2) Les déclarations de sortie pour les marchandises en consommation sont transcrites sur un registre, n° 35 *ter*. On ne doit pas confondre dans un même registre les opérations relatives à plusieurs entrepôts d'une nature différente ; on aura soin d'ouvrir un de ces registres, n° 35 *ter*, pour les opérations d'entrepôt réel, un autre pour celles d'entrepôt fictif, etc. (Circulaire du 29 août 1845, n° 2081).

Les droits doivent être payés ou garantis avant de permettre l'enlèvement de la marchandise. Cette disposition s'applique, malgré les soumissions dont elles sont l'objet, aux marchandises d'entrepôt fictif ; autrement la Douane serait exposée à perdre son recours contre la caution pour qui le permis d'enlèvement délivré par le receveur doit être la preuve que le principal obligé a satisfait aux obligations de l'entrepôt (Déc. adm. du 30 juillet 1834).

sommation, sans égard au tarif qui pouvait exister lors de la mise en entrepôt (1) (Circulaire du 19 juillet 1825).

Réexportation.

Article 448.

La formalité de l'acquit-à-caution ne sera plus exigée pour les marchandises qui seront réexportées par mer des entrepôts réels ou fictifs ; mais, pour y suppléer, les propriétaires ou consignataires se soumettront, par leur déclaration de sortie d'entrepôt, à rapporter, sur le premier qui leur sera délivré, les certificats des préposés des Douanes qui auront été présents à l'embarquement des marchandises et de ceux qui en auront constaté le départ pour l'étranger, le tout sous peine d'être contraint au paiement de la valeur de ces marchandises (2) et de l'amende encourue pour leur introduction frauduleuse (3).

L'exécution de ces soumissions sera garantie par un cautionnement si les propriétaires ou consignataires n'ont pas leur domicile dans le port d'expédition ou ne sont pas reconnus solvables (Loi du 21 avril 1818).

---

(1) Les marchandises n'étant placées à l'entrepôt, soit réel, soit fictif, que sous la réserve du droit de les renvoyer à l'étranger, elles sont toujours considérées comme étant encore hors de France.

Il ne s'établit entre elles et le tarif d'entrée, de rapport qu'au moment où on les déclare pour la consommation ; et, dès lors, le déclarant ne peut pas plus invoquer en sa faveur le tarif qui existait lors de la mise en entrepôt, si depuis il a été augmenté, que l'Administration ne pourrait refuser d'appliquer un tarif réduit, sous prétexte qu'il en existait un plus fort à l'époque de l'arrivée des marchandises (A. de C. du 3 octobre 1810 ; Déc. adm. du 21 mai 1825).

(Voir pour les boissons extraites d'entrepôt le n° 1222).

(2) Cette valeur doit être celle de la marchandise en France, c'est-à-dire le prix qu'en aurait retiré, sur le marché intérieur, le négociant qui serait parvenu à l'introduire en fraude (Circ. du 8 février 1831, n° 1246).

(3) Si la fraude est découverte lors de l'embarquement des marchandises ou pendant que le navire est encore dans le port, il y a lieu, d'après l'article 35 de la loi du 21 avril 1818, de réclamer, outre la valeur des marchandises, une amende de 100 francs ou de 500 francs, selon qu'il s'agit d'objets tarifés ou prohibés à l'entrée (Art. 13, tit. 2, et art. 1er, tit. 5 de la loi du 22 août 1791).

Mais quand le port est situé en rivière, si la soustraction d'un objet prohibé ou imposé à l'entrée à 20 francs ou plus par 100 kilogr., était reconnue hors de l'enceinte du port, on devrait, aux termes de l'article 34 de la loi du 21 avril 1818, appliquer l'article 41 de la loi du 28 avril 1816, c'est-à-dire une amende de 500 francs, si la valeur de l'objet de contrebande n'excède pas cette somme, et, dans le cas contraire, une amende égale à la valeur de l'objet (Déc. adm. du 22 avril 1837).

L'amende ne serait que de 100 francs, comme dans le cas prévu par le pénultième paragraphe, si la marchandise était imposée à moins de 20 francs par quintal.

Quand la découverte d'une fraude à l'extraction de l'entrepôt réel a mis, par son propre fait, un

Article 449.

Les permis délivrés, en vertu de l'article précédent, dans les ports de Bayonne, Bordeaux, Nantes et Rouen (1) suivront les marchandises sur le cours des rivières affluentes à la mer, jusqu'au point que l'Administration des Douanes désignera, suivant les localités, pour en faire constater le départ (Lois des 21 avril 1818, art. 62, et 9 février 1832, art. 21).

Article 450.

L'embarquement des marchandises déclarées en réexportation ou mutation d'entrepôt ne pourra être commencé qu'après que tous les objets compris en un permis d'embarquement auront été réunis sur les quais et comptés par les préposés des Douanes chargés de constater la mise à bord (Loi du 27 juillet 1822, art. 13).

Article 451.

Pourront être réexportés d'entrepôt par des navires de 40 tonneaux ou plus :

1° Les marchandises prohibées à l'entrée ;

2° Les marchandises dont la prohibition a été levée par la loi du 2 juillet 1836, ou qui cesseraient d'être prohibées à l'avenir ;

3° Les marchandises désignées par l'article 22 de la loi du 28 avril 1816 ;

4° Les marchandises dont le droit excède 10 p. 0/0 de la valeur (2) (Loi du 5 juillet 1836, art. 7).

---

négociant dans l'impossibilité de rapporter, revêtu du certificat exigé, le permis de réexportation qui lui a été délivré, ce négociant devient passible de l'application de l'article 61 de la loi du 21 avril 1818 (A. de C. du 14 avril 1841 ; Circ. n° 1863).

L'article 77 de la loi du 8 floréal an xi porte que les dispositions de l'article 74 de la même loi, n° 397, seront applicables aux denrées coloniales réexportées d'entrepôt. La règle générale de l'article 61 de la loi du 21 avril 1818 supplée à cette disposition spéciale.

Il n'est pas nécessaire de rédiger un procès-verbal pour constater un déficit sur des marchandises chargées en réexportation d'entrepôt ; il suffit de décerner contrainte contre le soumissionnaire à qui a été délivré, aux termes de l'article 61 de la loi du 21 avril 1818, le permis de réexportation (Déc. adm. du 1er octobre 1841 ; Rec. lith.).

(1) Le port d'Abbeville est ajouté à ceux que désigne l'article 62 de la loi du 21 avril 1818, relativement aux réexportations par mer (Loi du 9 juin 1845, art. 11).

(2) Dans la Méditerranée, les marchandises comprises dans l'article 22 de la loi du 17 avril 1816, ainsi que celles dont le droit excède 10 p. % de la valeur, peuvent être réexportées à destination des côtes d'Espagne dans la Méditerranée (Circ. du 14 avril 1838, n° 1679).

A Marseille, la réexportation des marchandises prohibées est permise sur des bâtiments de 30 tonneaux pour les côtes d'Espagne et d'Italie (Même Circ.).

A Bayonne, on peut réexporter par des bâtiments de 20 tonneaux les marchandises non prohi-

Article 452.

Les marchandises expédiées en réexportation (1) ou par mutation d'entrepôt par mer, ne seront assujetties à la formalité du plombage que dans les cas ci-après :

1° Si elles sont prohibées à l'entrée ;

2° Pour les marchandises tarifées au poids, si elles sont passibles d'un droit qui, avec le décime, s'élève à plus de 20 fr. par 100 kil., et pour les autres, si le droit répond à plus du dixième de la valeur (2) (Loi du 2 juillet 1836, art. 20).

Article 453.

Le droit de balance du commerce, que l'article 21 de la loi du 8 floréal an XI (3)

---

bées expédiées pour les ports d'Espagne en deçà du cap Finistère. Les marchandises prohibées peuvent être réexportées du même port par des navires de 30 tonneaux ; on peut même, à défaut de navires de ce tonnage pour la destination déclarée, se servir des bâtiments de 20 tonneaux (Même Circ.).

A Nantes, le directeur est autorisé à permettre l'emploi des navires espagnols de 30 tonneaux pour les marchandises de toute nature réexportées à destination de Bilbao (Espagne) (Même Circulaire).

A Saint-Malo, le directeur peut également permettre que les réexportations s'effectuent par des navires de 25 tonneaux (Déc. adm. du 6 novembre 1841).

Le ministre des finances a décidé, le 4 août 1841, que le tonnage de rigueur serait réduit de deux cinquièmes en faveur des bateaux à vapeur. Dans les différents cas que prévoient la loi de 1836 et la Circulaire, n° 1679, il suffira donc que la contenance de ces bateaux soit de 24, 18 ou 12 tonneaux, au lieu de 40, 30 ou 20 tonneaux exigés pour les navires à voiles (Circ. du 16 août 1841, n° 1866).

Les marchandises, autres que celles désignées ci-dessus, peuvent être réexportées par des bâtiments de tout tonnage.

(1) Les marchandises réexportées d'entrepôt ne sont soumises au plombage que dans les entrepôts éloignés des côtes, c'est-à-dire à Nantes, Rouen, Bordeaux et Bayonne, parce que la sortie de ces ports n'est pas définitive et doit être constatée par les bureaux placés au bas des rivières, lesquels devraient recommencer la visite, au grand détriment du commerce, si l'identité des marchandises portées dans les permis n'était pas garantie par le plombage, dont ils se bornent à reconnaître l'intégrité. Cette garantie est également nécessaire à Marseille pour prévenir les soustractions et substitutions qui, à la faveur du mouvement continuel des navires dans un port aussi considérable, peuvent se commettre depuis le moment où les marchandises sortent de l'entrepôt jusqu'à leur départ (Circ. du 11 août 1817, n° 310, et 14 juin 1822, n° 731).

(2) Voir le texte complet de cet article, au n° 400.

Voir au tableau, n° 16, annexe au tarif général de 1844, la nomenclature des marchandises soumises à la formalité du plombage, et au n° 400, en note, quelques dispositions exceptionnelles, également applicables aux mutations d'entrepôt.

Voir aussi le n° 226 pour les règles générales relatives au plombage, et le n° 477 pour les entrepôts de l'intérieur.

(3) Cet article ne parle que du droit de balance sans en déterminer la quotité ; mais l'article 2

obligeait de payer pour les denrées coloniales et autres marchandises étrangères, à leur entrée en entrepôt réel, ne sera plus acquitté qu'à la sortie, et seulement sur les quantités déclarées pour la réexportation par mer (1) (Loi du 7 décembre 1815, art. 4):

Mutations d'entrepôt.

ARTICLE 454.

Dans le cas de non rapport, en temps utile, et avec décharge valable des acquits-à-caution délivrés pour assurer le transport (2) de marchandises d'un entrepôt dans un autre, les soumissionnaires seront contraints à payer le double droit desdites marchandises, et 100 fr. d'amende, s'il s'agit d'objets tarifés ou s'il s'agit d'objets prohibés, la valeur desdites marchandises, avec amende de 500 fr. (3) (Loi du 17 mai 1826, art. 21).

---

de la loi du 24 nivôse an v, qui a créé ce droit, porte : « Pour assurer l'exactitude des tableaux d'importation et d'exportation, il sera perçu 15 centimes par 100 francs de valeur, ou 25 francs par 5 myriagrammes, au choix du redevable ; » c'est-à-dire 50 c. par 1000 kilogr., au lieu de 51 c., comme le porte la Circulaire du 16 juin 1816, n° 168.

(1) Le droit de réexportation n'est exigible que dans un seul cas, c'est lorsque la marchandise est extraite d'entrepôt pour être réexportée directement par mer, c'est-à-dire par le port même où cet entrepôt est situé (Déc. adm. du 14 octobre 1843).

Voir pour le manifeste de sortie le n° 398.

(2) Il s'agit ici d'un transport par mer qui peut s'effectuer par navire français de tout tonnage (Circ. du 21 octobre 1818).

Les navires espagnols sont assimilés aux nationaux pour ce genre de transport (Circ. du 10 janvier 1827).

(3) Les marchandises sortant d'un entrepôt par mutation ayant été visitées, et les déficits constatés soumis aux droits ou affranchis de ces droits, les comptes d'entrepôts sont entièrement apurés, et l'acquit-à-caution ne rappelle plus que le poids effectif des marchandises dirigées sur le nouvel entrepôt (Circ. du 21 janvier 1819, n° 460).

Lorsque les déclarations présentent le poids de chaque colis, la Douane du port de départ peut procéder à des vérifications partielles, ainsi qu'on le fait en matière de transit, en vertu de la circulaire du 28 septembre 1839, n° 1776 (Circ. du 6 mai 1841, n° 1849).

Voir le Livre VII, Transit.

Les acquits-à-caution de mutations d'entrepôt rappellent la date de l'enregistrement des marchandises au sommier d'entrepôt. Ils indiquent de plus le mode d'importation, le pavillon du navire qui a importé les marchandises dans le premier port d'entrepôt, et le pays d'où ce navire venait en droiture.

S'il s'agit de marchandises provenant d'États avec lesquels la France a passé des traités particuliers, il faut encore que l'acquit-à-caution fasse connaître si elles ont été ou non reconnues admissibles aux bénéfices qui résultent de ces traités.

Enfin l'acquit-à-caution pour mutation d'entrepôt doit contenir tous les renseignements nécessaires pour que les conditions qui se rapportent à chaque espèce de marchandise s'accomplissent dans le second port comme elles se seraient accomplies dans le premier

Voir, pour l'embarquement et le plombage des marchandises, les n°s 450 et 452, et pour la garantie des certificats de décharge le n° 217.

Article 455.

Les marchandises non prohibées, admissibles au transit, pourront être expédiées d'un entrepôt sur l'autre par la voie de terre, sous les conditions et garanties du transit, mais en franchise de tous les droits. Les marchandises prohibées, également admissibles au transit, ne pourront être expédiées sous les mêmes conditions que d'un entrepôt spécial du prohibé sur l'autre (1) (Loi du 9 février 1832, art. 25).

Article 456.

Avant de réintégrer les marchandises dans le nouvel entrepôt (2), on en constatera le poids effectif (3), l'acquit-à-caution sera déchargé pour la quantité reconnue,

---

(1) Voir le Livre VII, Transit et la note précédente.

(2) Au port de destination la simple remise de l'acquit-à-caution, visé pour permis de débarquer, dispense le consignataire de formuler une déclaration de détail ; mais lorsqu'un acquit-à-caution comprend des marchandises adressées à plusieurs consignataires et que chacun d'eux déclare, fait débarquer et présenter à la visite la partie des marchandises qui lui est consignée, la Douane délivre autant de permis de débarquer qu'il y a de déclarations séparées, et procède comme si la formule de l'acquit-à-caution destinée à tenir lieu de ce permis n'existait pas (Circ. du 6 mai 1841, n° 1849).

(3) Le poids de chaque colis étant indiqué dans un cadre ménagé à cet effet, au verso de l'acquit-à-caution, la Douane peut se borner à procéder à des vérifications partielles, ainsi qu'on le fait en matière de transit, en vertu de la Circulaire du 28 septembre 1839, n° 1776 (n° 522) (Circ. du 6 mai 1841, n° 1849).

Les excédants constatés à l'arrivée sur des marchandises expédiées par mutation d'entrepôt par mer sont passibles du double droit d'entrée, conformément à l'article 9 du Titre III de la loi du 22 août 1791 (428) concernant les acquits-à-caution en général, et qui n'a pas cessé d'être appliqué dans tous les cas de l'espèce non spécialement prévus par les lois postérieures. Seulement, d'après l'article 18 du Titre II de la même loi (n° 149), il y a lieu d'affranchir du double droit les excédants au-dessous du vingtième ou du dixième, selon qu'il s'agit de métaux ou d'autres marchandises. Telle est la règle ; mais l'expérience ayant prouvé que ces sortes d'excédants proviennent ordinairement d'erreurs, on peut se borner à faire déposer les marchandises trouvées en plus dans l'entrepôt, et à faire souscrire au destinataire une soumission de s'en rapporter à la décision de l'Administration (Déc. adm. du 10 janvier 1843).

Toutes les fois que, dans les expéditions de mutation d'entrepôt par mer, le service reconnaît sur des colis des excédants de poids, et sur d'autres des déficits dont la proportion dépasse ceux qui peuvent avoir été causés par la dessiccation naturelle en cours de transport, on doit libeller les certificats de visite de manière à mettre ces déficits en dehors des actes de décharge et sous des réserves telles, que l'Administration puisse, si elle le juge à propos, faire diriger utilement les poursuites contre le soumissionnaire (Déc. adm. du 2 juillet 1843).

En cas d'excédant dans le nombre de colis, et si les colis trouvés en plus ne sont pas plombés, ou que les cordes et plombs ne soient pas intacts, il y a lieu de les traiter comme formant l'objet d'une tentative d'importation frauduleuse. Si, au contraire, il y a plombage régulier, on se borne à faire remettre provisoirement à l'entrepôt tout ce qui est excédant et à faire souscrire au consignataire une soumission de s'en rapporter à la décision de l'Administration (Déc. adm. du 3 octobre 1826).

laquelle sera prise en charge sur les registres de cet entrepôt, sauf à la Douane du port d'expédition à poursuivre, s'il y lieu, l'application des peines édictées à l'égard des manquants (1) (Circulaire du 21 janvier 1819, n° 460) (2).

Les mutations qui pourront être faites d'un entrepôt sur un autre ne donneront lieu à aucune prolongation du délai d'entrepôt (Loi du 27 février 1832, art. 3) (3).

Si, au lieu d'être réintégrées en entrepôt, les marchandises sont déclarées pour la consommation immédiate, leur vérification, ainsi que la liquidation et la perception des droits, se feront comme s'il s'agissait d'une importation directe, et l'acte de décharge de l'acquit-à-caution mentionnera, au lieu de la réintégration en entrepôt, l'acquittement des droits et le numéro de recette (Circulaire du 5 octobre 1832, n° 1348) (4).

Avaries survenues dans le transport.

Article 457.

Les dispositions des articles 51 et suivants, de la loi du 21 avril 1818, seront applicables aux marchandises qui éprouveront des avaries dans leur transport par mer d'un entrepôt à un autre (5) (Circulaire du 22 décembre 1832, n° 1364) (6).

Déchéance des négociants.

Article 458.

Tous négociants qui seront convaincus d'avoir, à la faveur des entrepôts, effectué

---

(1) L'Administration, en renvoyant les acquits-à-caution au bureau de départ, statue, lorsqu'il y a lieu, sur les déficits (Circ., n° 460).

(2) Pour les marchandises arrivant de Marseille, quel que soit l'entrepôt d'où elles aient été tirées, elles doivent être, au port de destination, rétablies dans l'entrepôt qui leur est propre d'après la règle générale (Circ. du 23 septembre 1817, n° 327).

(3) Cette disposition insérée dans la loi relative aux entrepôts de l'intérieur et des frontières, est générale et s'applique aux entrepôts de toute nature (Circulaire du 19 août 1839, n° 1763).

(4) Quand des marchandises expédiées sous acquit-à-caution, par mutation d'entrepôt, ne sont pas reconnues, au bureau de destination ou de passage, être identiquement de l'espèce, de la qualité ou de la provenance de celles énoncées dans ledit acquit, il y a lieu de prononcer contre le déclarant la confiscation et l'amende conformément, aux articles 21, titres II, III et IX de la loi du 22 août 1791 (Arrêt de cass. du 10 mai 1841, Circulaire n° 1863).

(5) Voir pour les formalités à remplir les n°s 253 et suivants.

(6) Cette disposition ne s'applique, ainsi que ses termes l'indiquent, qu'aux marchandises avariées depuis leur dernier embarquement. Mais il arrive parfois que des marchandises déjà atteintes d'avaries sont expédiées par mutation d'entrepôt. Dans ce cas, il faut que l'acquit-à-caution mentionne, sinon le degré, du moins l'existence de l'avarie. A défaut de cette mention, la marchandise est réputée d'une qualité saine et la Douane du port de destination, fondée à contester

des soustractions, substitutions ou versements dans l'intérieur, pourront être privés de la faculté de l'entrepôt (Loi du 8 floréal an xi, art. 83) (1).

l'identité de la marchandise, avariée qu'on lui présente avec celle désignée par l'expédition, peut la saisir et poursuivre l'application de l'article 9 du titre III de la loi du 22 août 1791. L'expérience ayant prouvé que les défauts d'identité, constatés à l'arrivée, provenaient ordinairement d'omission ou d'erreur faite au port de départ, il convient que la Douane reçoive conditionnellement les marchandises en entrepôt, sauf à suspendre la régularisation de l'acquit-à-caution jusqu'à ce que l'Administration ait décidé s'il y a lieu ou non de faire poursuivre l'application des peines encourues (Décis. admin. du 8 juillet 1841).

(1) Voir le texte complet de cet article au n° 218.

ANNEXE N° 5.

RÉGIME DU DÉPOT EN DOUANE.

LIVRE XI.

CHAPITRE DIX-NEUVIÈME.

SECTION IV.

Marchandises non déclarées à l'entrée.

ARTICLE 1139.

Si, outre les manifestes donnés par les capitaines des bâtiments et les déclarations sommaires (1) faites par les conducteurs par terre, des déclarations en détail (à l'entrée) ne sont pas présentées (2), les marchandises seront retenues et déposées dans le magasin de la douane (3) pendant deux mois, et les propriétaires tenus de

---

(1) Ces déclarations sommaires ne sont exigibles que lorsque, à défaut de déclaration en détail, la marchandise doit être retenue et déposée à la Douane (Décis. admin. du 22 juin 1841).

(2) Si les marchandises ne sont pas déclarées en détail dans les trois jours qui suivent l'arrivée du navire dans le port, le capitaine est sommé de les faire conduire au bureau, sous peine de voir la Douane procéder d'office, et aux frais de qui de droit, au débarquement et au dépôt (Décis. admin. du 10 avril 1829).

(3) Le dépôt doit avoir lieu dans un magasin appartenant à la Douane et fermé de la seule clef du receveur; si, à défaut de magasin, la Douane était obligée de faire déposer les marchandises dans l'entrepôt réel, elle devrait s'assurer qu'elles ne sont point confondues avec les autres marchandises, et tenir compte à l'Administration des entrepôts des frais de magasinage, afin de pouvoir équitablement réclamer au propriétaire le droit de 1 p. 0/0, établi par la loi. (Décis. admin. du 14 mai 1836, et n° 224 des Observ. prélim. du tarif de 1844).

payer 1 p. 0/0 pour le droit de magasinage (1) en sus des droits; s'il n'y a pas de réclamation et de déclaration en détail après ce délai, les marchandises seront vendues au profit de l'Etat, à la charge de réexporter à l'étranger celles dont l'entrée est prohibée (Loi du 4 germinal an ii, titre II, art. 9).

ARTICLE 1140.

Les ballots, malles et futailles, qui n'auront point été déclarés dans la forme prescrite par l'article 9, du titre II, de la présente loi (n° 121), seront inscrits dans la huitaine du jour de leur dépôt (2) sur un registre à ce destiné, avec mention des marques, numéros et adresses qu'ils présenteront, et chaque article du registre sera signé par le receveur et le sous-inspecteur sédentaire, ou à défaut par un véricateur, visiteur ou autre employé (Loi du 22 août 1791, titre IX, art. 1er, et Décis. adm. du 22 juin 1841).

(121) Les déclarations contiendront la qualité, le poids, la mesure ou le nombre des marchandises qui devront les droits au poids, à la mesure ou au nombre, et la valeur, lorsque lorsque les marchandises devront les droits suivant leur valeur. Elles

---

(1) Ce droit serait excessif s'il ne devait représenter qu'un simple droit d'usance; mais on a voulu contraindre les consignataires à fournir les déclarations de détail dans le délai fixé par la loi, et obvier ainsi aux chances d'abus qui peuvent résulter du séjour prolongé en Douane de marchandises non exactement déclarées (Circulaire du 11 août 1819, n° 513). Le droit de magasinage n'est exigible que lorsque les marchandises sont réclamées par le dépositaire. Il n'y a pas lieu de le percevoir à l'égard des objets devenus la propriété de l'État, et vendus à son profit (Décis. admin. du 22 septembre 1842). Le droit de magasinage n'est pas passible du décime additionnel. (Circulaire du 9 prairial an xiii).

Il y a exception du droit de magasinage de 1 p. 0/0 dans les cas ci-après :

1° Pour les objets mobiliers appartenant à des étrangers qui viennent s'établir en France ou qui doivent y faire un séjour temporaire;

2° Pour les marchandises françaises renvoyées de l'étranger à défaut de vente, et pour lesquelles l'autorisation d réadmission n'est pas encore parvenue au bureau d'entrée; dans les Douanes de l'intérieur, et particulièrement à celle de Paris, cette disposition s'applique également aux marchandises admises au libre retour;

3° Pour les effets ainsi que pour les objets hors de commerce appartenant à des voyageurs.

Dans ces divers cas, l'on se borne à percevoir un droit de garde de 1 cent. 1/4 par jour et par 50 kilogr., ou pour chaque colis au-dessous de ce poids, sans que ce droit puisse jamais excéder 1 p. % de la valeur des objets (Déc. adm. des 28 juillet et 15 novembre 1841).

(2) Le dépôt ne peut avoir de date certaine et légale que par sa transcription sur le registre dont la tenue est prescrite. La Douane a huit jours pour effectuer cet enregistrement, mais rien ne l'oblige à le différer jusqu'à l'expiration de la huitaine; l'intérêt du service exige, au contraire, qu'il ait lieu immédiatement (Déc. adm. du 11 mai 1841).

A l'égard des marchandises que les capitaines déclarent vouloir mettre en dépôt dans les magasins de la Douane, il devient indispensable, pour la garantie des intérêts du Trésor, que la

énonceront également le lieu du chargement, celui de la destination, et dans les ports le nom du navire et celui du capitaine, les marques et numéros des ballots, caisses, tonneaux et futailles, seront en marge des déclarations (Loi du 22 août 1791, titre II, art. 9).

Article 1141.

Les propriétaires des marchandises laissées dans les bureaux, à défaut des déclarations suffisantes, qui se présenteront pour les retirer, seront tenus de justifier de leur propriété et de faire leur déclaration en détail, si elle n'a pas été fournie par les capitaines ou conducteurs des marchandises (1) (Loi du 22 août 1791, titre II, art. 11).

A défaut de déclaration et de réclamation en détail, la vente aura lieu à l'expiration des deux mois (Circulaire du 6 septembre 1827, n° 1059) (2).

Douane use, avant la constitution de ce dépôt, de la facilité qu'elle tient de l'article 8, titre 2, de la loi du 4 germinal an II, de vérifier à bord la nature du contenu des colis; en d'autres termes, qu'elle contrôle, quant à ces colis, l'exactitude des énonciations du manifeste. A l'effet d'assurer l'exercice complétement régulier de ce contrôle, le chef du service de la localité devra désormais le confier à un vérificateur assisté d'un employé de brigade (Circ. du 4 mars 1845, n° 2057.)

La Douane peut, dans tous les cas, procéder à l'ouverture des colis contradictoirement avec le conducteur (capitaine ou voiturier), détenteur légal de la marchandise; mais s'il refuse d'assister à cette vérification sommaire, la Douane doit s'abstenir d'y procéder seule. Cette réserve, prescrite à l'égard des marchandises abandonnées en douane par l'article 3 du titre 9 de la oi d u 22 août 1791, est d'ailleurs conforme à la disposition générale de l'article 16 du titre 2 de la même loi, ainsi qu'à l'article 1931 du Code civil relatif aux dépôts. Lorsque le contenu des colis aura été reconnu, il sera énoncé au registre. Dans le cas où la Douane se trouverait dans l'impossibilité de constater la nature du dépôt, les colis seront pesés et plombés, et mention en sera faite sur le registre. Le plombage ayant lieu principalement dans l'intérêt du propriétaire des marchandises, il est juste de lui en faire payer le prix, fixé à 50 centimes par la loi du 2 juillet 1836 (Déc. adm. des 28 février 1839 et 22 juin 1841, et Circ. du 4 mars 1845, n° 2057).

(1) Les marchandises réexportées du dépôt ne sont point passibles du droit de réexportation (Décis. admin. du 26 mars 1842).

(2) Ce terme est de rigueur; si le propriétaire le laisse expirer, il ne peut plus revendiquer les marchandises, il est dépouillé du droit de propriété, lequel passe à l'État; c'est pour le compte de ce dernier qu'elles sont vendues, et il en dispose sans être tenu de remplir les formalités ni d'observer les délais voulus, pour des dépôts d'une autre nature, par le titre IX de la loi du 22 août 1791 (Circulaire du 6 septembre 1827).

DEUXIÈME RAPPORT.

PROJET D'ÉTABLISSEMENT

D'UNE NOUVELLE DOUANE ET D'UNE MANUTENTION

SUR

LE BASSIN DE LA VILLETTE.

A Monsieur le Président et Messieurs les Membres de la Chambre de Commerce de Paris.

MESSIEURS,

En vous présentant ce travail, mon intention n'est pas de plaider de nouveau la cause de notre projet d'établissement sur le bassin de la Villette, de vous démontrer une seconde fois son opportunité. Il vous aura suffi d'un instant pour juger la question, soit par les résultats statistiques que j'ai eu l'honneur de vous soumettre, soit même par la disposition des localités.

Je me borne ici à vous communiquer tous les renseignements nouveaux que, depuis lors, j'ai pu réunir et ceux que j'ai omis dans le cours de mon premier travail.

Création d'un bureau de Douane à la gare des Batignolles.

Dans le but de faciliter les relations commerciales qui existent entre le Havre et Paris, l'Administration des Douanes, sur la demande des administrateurs du chemin de fer de l'Ouest, vient de créer à la gare des Batignolles un bureau où les négociants de Paris auront la faculté d'acquitter les droits sur les marchandises étrangères dont ils auront à prendre possession immédiatement.

Cette faveur profitera à toutes les denrées de consommation, et notamment aux sucres, poivres, cafés, cacaos, ainsi qu'à toutes les matières premières, telles que les cotons en rame, les laines en masse, les cuivres, fontes, fers et aciers, etc., qu'emploient les nombreuses usines placées dans Paris même ou dans les environs.

Pouvant, à leur sortie des navires importateurs, être dirigées, en wagons plombés, sur la douane des Batignolles, ces marchandises seront susceptibles d'être livrées à la consommation, dans ou hors Paris, sans avoir à payer les frais qu'ont à supporter celles qui, forcément aujourd'hui, doivent, à leur arrivée à Paris, être envoyées à l'Entrepôt, qu'elles soient ou non destinées à y séjourner. Les frais dont j'entends parler sont ceux de camionnage, déballage, emballage, droits de magasinage et de manutention, etc., etc.

Le commerçant qui aura fait diriger sa marchandise sur ce bureau de douane aura la faculté de l'y laisser en dépôt pendant un certain nombre de jours. Ce laps de temps sera ultérieurement déterminé, et très-probablement fixé à *soixante* jours. Il pourra ensuite acquitter les droits, soit au comptant avec escompte, soit en obligations cautionnées à quatre mois.

Pour le négociant de Paris, qui, voulant éviter les frais si onéreux de mise en entrepôt, fait acquitter au Havre les droits de douane, cette dernière faculté sera d'un grand prix, puisqu'il n'aura plus à payer à son correspondant du Havre une commission de banque, et qu'il pourra faire lui-même, ici, ce qu'il est obligé aujourd'hui de faire exécuter, au loin, à des conditions quelquefois fort onéreuses.

Il trouvera en outre une notable diminution dans les frais d'assurance; attendu que l'assurance, qui est aujourd'hui calculée sur la valeur de la marchandise grevée du droit de douane, ne portera plus que sur la valeur intrinsèque du produit.

Le négociant de Paris qui fait acquitter aujourd'hui au Havre, et qui payera les droits au bureau des Batignolles, y trouvera aussi l'avantage de bénéficier de l'intérêt de son argent, depuis le moment où la marchandise sera partie du port d'arrivée jusqu'à celui où il la livrera à la consommation.

Pour traiter sur le même pied les relations commerciales qui existent entre Paris et les ports de Bordeaux et de Nantes, l'Administration des Douanes a décidé, sur la demande des administrateurs du chemin de fer d'Orléans, qu'un bureau de douane serait créé à la gare d'Ivry, dans les mêmes conditions et avec les mêmes prérogatives que l'a été celui des Batignolles.

En présence de ces dispositions si bienveillantes de l'administration supérieure à l'égard du commerce de Paris, on ne doit pas craindre qu'elle repousse la création d'un bureau de douane sur le bassin de la Villette. Cette demande serait d'autant plus favorablement accueillie, qu'elle serait présentée par la Chambre de commerce de Paris, avec l'assentiment et l'appui de M. le Préfet et du Conseil municipal de la Seine ; elle serait, d'ailleurs, fondée sur cette considération fort importante, que le transport des marchandises entre le Havre et Paris par les voies fluviales doit offrir au commerce une notable économie. L'Administration des douanes, de son côté, n'ignore pas que, dans un intérêt de sécurité pour la population parisienne, et pour rendre plus facile et moins dangereuse la circulation dans les rues, M. le Préfet de la Seine et le Conseil municipal veulent, par tous les moyens légaux dont ils peuvent disposer, interdire la traversée de Paris aux voitures transportant des marchandises qui ne sont pas destinées à être consommées ou mises en œuvre dans l'enceinte de la capitale. Il est donc probable que l'acquiescement de l'Administration des Douanes ne se fera pas attendre.

Les avantages énumérés plus haut profiteront également aux négociants, qui, au lieu de se servir du chemin de fer du Havre, préféreront employer les voies fluviales.

Il est bon de remarquer toutefois que les marchandises étrangères, qui, à leur sortie des navires importateurs, sont dirigées sur Paris par la voie ferrée, jouissent de la faveur d'être expédiées en wagons plombés, et qu'elles sont ainsi exonérées de la taxe de plombage *par colis*, qu'elles avaient à supporter autrefois.

Pour que le transport par bateaux se trouvât à cet égard dans des conditions aussi favorables que le transport par chemins de fer, il faudrait que l'Administration des douanes permît que les bateaux, en se mettant dans les bassins du Havre côte à côte avec les navires importateurs, pussent y embarquer les marchandises étrangères destinées pour Paris, et être ensuite expédiés, avec acquit-à-caution et plomb officiel *aux écoutilles*, sur le bureau du bassin de la Villette.

On comprendra du reste que le transport par bateaux, et dans de pareilles conditions, de marchandise étrangère sujette aux droits, ne saurait être accordé qu'autant que le chargement serait complet, et que, dans le cas où il ne le serait pas, il faudrait que la marchandise étrangère fût isolée des autres et placée dans un compartiment séparé dont les panneaux pourraient alors être plombés.

L'acquit-à-caution délivré au Havre, et qui accompagnerait la marchandise, viendrait d'ailleurs, pour la reconnaissance de son identité, donner à la Douane une garantie de plus contre les fraudes qu'on pourrait tenter de commettre en cours de transport, et qui, s'il en était découvert, devraient être réprimées avec la plus grande sévérité.

La concession d'un bureau de douane sur le bassin de la Villette sera toujours subordonnée à l'engagement pris envers l'Administration des douanes de mettre à sa disposition, non-seulement des hangars et magasins de dépôt, d'une surveillance facile et offrant toutes les garanties de sécurité désirables, mais encore des logements convenables pour les deux chefs de service, l'inspecteur et le receveur, et des locaux assez spacieux pour y établir des bureaux, un corps de garde et un logement pour le chef de brigade.

C'est ici le lieu de faire remarquer que les concessions déjà faites aux gares des Batignolles, du Nord et d'Ivry, et celle à faire pour le bassin de la Villette, auront probablement pour résultat de conduire directement dans les caisses du Trésor, à Paris, une partie assez importante des perceptions de douane qui s'effectuent actuellement sur d'autres points.

Cette centralisation des recettes à Paris doit entrer dans les vues du Ministre des finances, et contribuer à lui faire accepter la création du bureau de la Villette.

Si, par la voie des canaux, on peut faire arriver au bassin de la Villette les sucres indigènes destinés aux raffineries de Paris, ce fait sera d'une grande importance pour les raffineurs, qui, pouvant acquitter les droits dans les mains du receveur de la douane, à la Villette, et prendre immédiatement possession, ne seront plus astreints à faire conduire leurs produits à l'Entrepôt, pour avoir, le plus souvent, à les réexpédier immédiatement sur leurs établissements, presque tous situés *extrà muros*.

L'établissement d'une douane au bassin de la Villette, ainsi que j'ai eu l'honneur de vous le dire dans mon premier rapport, en centralisant les efforts de la batellerie, en facilitant ses relations, devra donner naissance à une navigation plus complète; je veux parler des transports par mer de l'étranger sur Paris, et réciproquement.

Transports directs *par mer* de l'étranger à Paris.

Dans l'état actuel de la législation, ces transports ne sont pas de droit commun, et l'entreprise de Paris à Londres, comme celles qui pourraient être ultérieurement autorisées, ne seraient que des exceptions à la règle.

En effet, pour la Seine, Rouen est le point extrême où finit la mer, et où doivent s'arrêter les bâtiments venant de l'étranger.

Les marchandises qu'ils transportent y sont débarquées, et celles qui sont destinées pour Paris ne peuvent y être dirigées par bateaux que sous les formalités ordinaires de transit ou de continuation d'entrepôt.

Toutefois, les chemins de fer étant en possession du transit international sur la ligne du Havre et de Rouen, les transports entre l'étranger et Paris s'effectuent pour ainsi directement par la voie ferrée, et il en serait de même par la voie de la Seine, si ce même mode de transport était autorisé par bateaux, moyennant certaines conditions à déterminer.

Les bateaux transportant des marchandises de l'étranger en France (de Belgique, par exemple) sont considérés comme voitures arrivant par terre. Les cargaisons sont déclarées et vérifiées à la frontière, et les bateaux eux-mêmes, s'ils doivent poursuivre leur route à travers le territoire, font l'objet d'un acquit-à-caution spécial s'il s'agit d'un voyage unique, d'un acquit-à-caution valable pour un an si les voyages sont réguliers.

Ce mode de transport se rapproche assez de celui qu'opèrent les chemins de fer, et il ne paraîtrait guère impossible, en lui appliquant un règlement particulier de transit international, de placer la batellerie par les canaux et voies fluviales sur un pied d'égalité avec les voies ferrées.

La création d'une nouvelle douane sur le bassin de la Villette, avec magasins pour le déchargement, le séjour et le chargement des marchandises, entraîne forcément l'ouverture d'un dépôt.

Observations et renseignements sur le dépôt en Douane.

Aux termes de la loi du 4 germinal an IV, titre II, article 9, les marchandises présentées en douane sans déclarations en détail sont retenues et déposées dans le magasin de la douane pendant deux mois, et les propriétaires tenus de payer 1 pour 100 pour droit de magasinage en sus des droits. S'il n'y a pas de réclamation ou de déclaration en détail après ce délai, les marchandises sont vendues au profit de l'État.

De cette disposition résulte implicitement pour le commerce le droit de déposer dans tout bureau de douane régulièrement constitué les marchandises dont il ne veut pas disposer immédiatement.

Le dépôt doit avoir lieu dans un magasin appartenant à la Douane, et sous la seule clef du receveur. Si, à défaut de magasin, la Douane était obligée de déposer les marchandises en entrepôt, elle devrait tenir compte à l'administration de l'entrepôt des frais de magasinage, afin de pouvoir exiger équitablement du propriétaire le droit de 1 pour 100 établi par la loi. Ce droit, au surplus, n'est exigé qu'à partir du neuvième jour de la transcription du dépôt sur le registre.

Le droit de 1 pour 100 est évidemment exorbitant; mais on a voulu forcer les consignataires de la marchandise à fournir leurs déclarations dans le délai fixé par la loi, et obvier aux inconvénients qui pourraient résulter du séjour prolongé en douane de marchandises non exactement déclarées.

Il s'agirait, pour la douane de la Villette, d'obtenir le dépôt sans rétribution, dans des magasins construits par la Chambre de commerce. dans l'enceinte même, des locaux affectés au service des marchandises dont le commerce ne voudrait pas disposer immédiatement ; car il est bien clair que le droit de 1 pour 100 est trop élevé, pour que l'on songe à en grever les marchandises qui auraient besoin de profiter de cette faculté de dépôt.

Pour la douane de la Villette, on pourrait peut-être se contenter des dix jours de planche accordés aux chemins de fer qui ont obtenu des services de douane, à moins cependant que l'on ne pût faire fléchir les règlements, dans l'intérêt de la circulation de Paris et du commerce lui-même.

Il suffirait donc de solliciter simplement un bureau de douane, ouvert par *décret*, et pouvant, à ce titre, recevoir de tous les points et par toutes voies, et expédier de même toute espèce de marchandise. Le bureau, ainsi constitué, jouirait de la faculté de dépôt que la loi concède, ce qui n'a pas lieu dans les chemins de fer, dont le service de douane n'est considéré que comme section de la douane centrale. Plus tard on pourrait demander l'exonération du droit de 1 pour 100 perçu comme magasinage, en démontrant que c'est une charge trop lourde pour le commerce.

Il y aurait plus de chances de réussite en demandant en deux fois ce droit de dépôt, qui, au premier aspect, paraîtra la ruine de l'Entrepôt de Paris.

Permettez-moi ici, Messieurs, une réflexion qui, je l'espère, vous paraîtra juste.

L'Entrepôt des Marais a été créé dans l'intérêt du commerce de Paris comme la Manutention. Les deux établissements ont longtemps fonctionné côte à côte, et pour eux cependant les résultats n'ont pas été les mêmes. C'est parce que tous deux n'ont pas eu pour mobile le même principe : le bas prix des services rendus. La Manutention, avec ses tarifs modérés, voit de jour en jour grandir ses opérations, et conséquemment ses ressources. Peut-on en dire autant de l'Entrepôt, où des frais énormes et de toute nature frappent la marchandise ? Je vous ai déjà cité ce fait de poteries anglaises pour laboratoire de chimie, qui, déposées pendant deux mois à l'Entrepôt, ont eu à payer, outre les droits de douane, plus de 12 pour 100 de leur valeur pour manutention. Un établissement géré exclusivement dans des vues de lucre doit-il inspirer tant d'intérêt à la Chambre, qu'elle hésite à lui créer une concurrence?

D'ailleurs, Messieurs, je dois vous rappeler que l'établissement de la Villette, placé *en dehors de l'enceinte de Paris*, rendra au commerce des services qu'on ne peut demander à l'entrepôt actuel; et si l'Entrepôt doit un jour souffrir dans ses opérations, de la création de magasins de dépôt, il le devra surtout à sa position éloignée du centre des transports par eau.

Renseignements sur le bassin de la Villette et l'emplacement des bâtiments de la nouvelle Douane.

Vous verrez à la page 86 de ce rapport que la longueur totale du bassin de la Villette est de 697 mètres. La superficie totale du quai de Seine est de 15,939 mètres. Sur cette donnée, il est facile d'établir quelques calculs, relatifs à l'étendue possible que pourrait avoir l'ensemble des constructions, et aux frais de loyer des terrains, dont la concession serait faite par la Compagnie des Canaux à la Chambre de commerce.

La superficie des sept magasins actuels est de...... 8,313^m carrés.
dont il faut déduire, pour l'emplacement occupé par la
Compagnie Pieau............................... 375^m

Reste.............. 7,938^m carrés.

Or, comme la Compagnie des Canaux, ainsi que j'ai eu l'honneur de vous le dire dans mon premier travail, loue ses terrains à raison de 2 fr. le mètre carré par an, il en résulte que si elle maintient ses prétentions, même en présence du développement que doit infailliblement prendre la navigation dans ses eaux, le loyer qui retomberait à la charge de la Chambre de commerce serait, par an, de 15,876 fr.

Les passages, qui ont 20 mètres de largeur et le franc-bord, offrent une superficie de..................................... 7,626^m carrés.
Si l'on ajoute la superficie des magasins actuels, qui est, comme nous l'avons dit plus haut, de...... 8,313^m
nous retrouverons le chiffre d'ensemble.......... 15,939^m carrés
qui représente la superficie totale du quai de Seine.

En couvrant, ainsi que l'a fait la Compagnie Pieau, le franc-bord, devenu dépendance des emplacements loués, et qui peut représenter en superficie... 4,062ᵐ carrés,
on aurait, en y ajoutant les..................... 7,938ᵐ
des magasins actuels, une surface totale de constructions d'environ............................. 12,000ᵐ carrés.

Vous serez éclairés sur cette question par un homme plus compétent que moi, par l'habile architecte, M. Lisch, qui s'est chargé de vous adresser un rapport.

L'emplacement serait divisé entre les bâtiments d'habitation et les bâtiments de service, de manière à ce qu'on eût deux magasins, l'un pour l'*entrée*, l'autre pour la *sortie*, offrant chacun une façade de 100 mètres de longueur environ.

Ce développement est presque indispensable pour avoir la facilité de mettre en chargement et en déchargement le plus grand nombre possible de bateaux.

Les bateaux qui fréquentent le bassin de la Villette ont, en moyenne, 27 mètres de long. En conséquence, en les plaçant sur deux rangs devant chaque magasin, le travail pourrait s'effectuer sur 16 bateaux à la fois. Deux bateaux au moins, et peut-être quatre, pourraient encore se mettre à quai devant les bureaux, de sorte que 20 bateaux pourraient constamment être en voie d'expédition.

Cette activité donnée au travail, au moyen du développement des magasins, est un point important pour la Manutention dont les tarifs sont extrêmement réduits et qui a besoin dès lors d'opérations fréquemment répétées pour couvrir ses frais.

Comparaison de la Douane centrale avec la Douane projetée.

Qu'il me soit permis ici de mettre en parallèle, sous le rapport de l'étendue, l'établissement projeté de la Villette et la Manutention actuelle à l'Entrepôt des Marais.

Les trois travées du bâtiment de la Manutention offre un *area* de 3,000 mètres carrés.

Il peut paraître exagéré de construire à la Villette, pour un établissement naissant, deux magasins dont la surface totale ne sera pas moindre de 5,000 mètres. Ceci cependant prend sa raison d'être dans la différence d'opérations des deux stations.

En effet, à la Manutention actuelle, les colis, bien qu'expédiés dans la même journée, s'élèvent parfois à un nombre si considérable qu'il n'est presque pas possible d'y circuler.

Le maximum des colis présentés en Douane s'est trouvé être de 1,500.

La moyenne donne 650 à 700 colis par jour, qui sont agglomérés dans cet espace de 3,000 mètres de superficie dont il faut déduire l'emplacement nécessaire pour la circulation de 10 à 12 camions, les uns en chargement, les autres en déchargement, et l'emplacement non moins nécessaire pour les travaux d'emballage et de soudage.

A la Villette, les colis ne seront point enlevés dans la même journée, attendu que chaque bateau ayant de 8 à 10 jours de planche et quelquefois plus, stationnera pendant tout ce temps devant les magasins. De là agglomération de marchandises qui pourra devenir telle pendant les chômages et les gelées, que l'espace soit insuffisant, malgré les 12,000 mètres, tout compris, dont on pourra disposer.

Plus le nombre de colis présentés en Douane sera considérable, plus nous devrons faire place à cette industrie de l'*Emballage libre*, en quelque sorte créée par la Chambre.

Importance actuelle de l'emballage.

En effet, Messieurs, les facilités accordées aux emballeurs de Paris pour travailler dans les bâtiments de la Manutention ont donné à cette industrie un développement extraordinaire.

L'emballage et le soudage arrivent aujourd'hui pour Paris à un chiffre de 1,500,000 fr. d'affaires, ce qui représente une valeur de marchandises exportées de plus de 56 millions.

La différence entre cette somme de 56 millions et les résultats donnés par la statistique du commerce de Paris représente les marchandises présentées en Douane tout emballées et expédiées, soit par eau, soit par chemin de fer.

A ce sujet, permettez-moi de vous entretenir d'un ouvrage dont la publication est toute récente. J'y ai puisé des chiffres intéressants à plus d'un titre et qui seront pour vous, Messieurs, d'une haute signification.

Je veux parler de la statistique spéciale des Chemins de fer, œuvre d'une commission officielle.

Composée d'ingénieurs distingués, de personnes éclairées des bureaux du Ministère des Travaux publics et présidée par M. le comte Dubois, Conseiller d'État, ex-Directeur général des Chemins de fer, la commission chargée de cette statistique a admirablement rempli sa mission.

Voici quelques extraits que j'ai faits de son travail :

« Le développement de ce qu'on nomme le Trafic, c'est-à-dire de la « circulation en hommes et en choses, a dépassé toutes les espérances. « Sur le Chemin de fer d'Orléans, la circulation des marchandises « ramenée au parcours de 1 kilomètre, avait été, en 1853, de « 152 millions de tonnes; en 1854, elle était de 251 millions, non com- « pris le bétail. »

Un des résultats les plus inattendus que présente cette statistique, c'est que l'énorme mouvement des marchandises et des voyageurs qui se fait par les Chemins de fer n'empêche pas les autres voies de communication d'être très-fréquentées. Les voies fluviales, par exemple, et les canaux ont conservé une immense clientèle, surtout en marchandises. Non-seulement elles n'ont pas perdu, mais elles ont gagné quelque chose, et, à l'heure qu'il est, la navigation, dans beaucoup de cas, a plus de transports que les chemins de fer. Ainsi le total des arrivages à Paris, en 1854, a été :

Par les voies navigables, de 2,236,000 tonnes,
Par les Chemins de fer, de 1,889,000 tonnes.

Il ne faudrait pas conclure de ces deux chiffres rapprochés que la navigation est dans un état prospère. La concurrence que fait aux chemins de fer la batellerie est une lutte désespérée. Pour garder sa place dans les transactions commerciales, la navigation a dû réduire son fret de jour en jour. Aujourd'hui elle couvre ses frais, mais elle n'obtient rien de plus. Dans cet état de choses, si bien senti et si bien décrit par les Chambres de commerce de Lille et de Valenciennes et surtout par l'honorable M. Kuhlmann dont je vous ai cité une lettre, le batelier ne peut songer à réparer son véhicule ni à le remplacer. Il suffira de quelques années pour voir disparaître cet immense matériel de transports par eau que nous avons tant d'intérêt à conserver, si des mesures ne sont prises pour rendre la lutte possible entre les voies de fer et les voies d'eau.

En ce moment le public, en France, est médiocrement sympathique aux Compagnies de Chemins de fer ; il s'en plaint assez amèrement, et c'est, pour les Compagnies de transports, le moment de redoubler de zèle pour reprendre leur essor.

Les plaintes du public sont plus vives pour le transport des marchandises par chemin de fer, et ici, il faut le dire, elles sont trop fondées. Rien n'est plus commun que de voir les manufacturiers et les commerçants exprimer leurs regrets de la disparition du roulage accéléré. Aujourd'hui on n'a le choix qu'entre la grande vitesse dont le tarif est ruineux pour tout ce qui n'a pas une grande valeur, et la petite vitesse, qui, d'après les dispositions réglementaires dont elle est l'objet, est pour les petits trajets au-dessous de l'ancien roulage, et surtout est loin d'en offrir l'exactitude. Jusqu'à ces derniers temps, les Compagnies refusaient au commerce des lettres de voiture portant engagement de livrer à jour fixe ; l'Administration a mis ordre à leur résistance par un arrêté ministériel de mai 1856 ; mais les délais que comporte l'application de cet arrêté pris à la lettre et étendu uniformément à tous les cas causent une grande gêne pour les opérations commerciales. L'arrêté, malheureusement, ne pouvait mieux faire, parce que l'Administration est liée par les stipulations des cahiers des charges des concessions. Quelques personnes ont émis à ce sujet l'idée qu'il conviendrait d'instituer un degré de vitesse intermédiaire entre la grande et la petite, qui serait ce qu'était, dans l'ancienne organisation des transports, le roulage accéléré, alors terme moyen entre les messageries et le roulage ordinaire. Les délais asssignés à ce nouveau service seraient de plus de la moitié du temps indiqué aujourd'hui pour la petite vitesse, y compris l'intervalle qui répond aux stationnements dans les gares. Quant au tarif, il resterait fort au-dessous de celui de la grande vitesse et aurait pour maximum 10 c. par tonne et par kilomètre, ce qui représenterait 9 fr. environ, de Paris à Marseille. L'idée est heureuse; c'est une transaction dont le commerce s'applaudirait beaucoup.

« L'organisation générale d'un service fondé sur cette vitesse moyenne, que tant d'hommes industrieux appellent de tous leurs vœux, n'exclurait cependant pas diverses améliorations au service de la petite vitesse, qui dépendent des Compagnies beaucoup plus que de l'Administration. D'après les termes des cahiers des charges de toutes les Compagnies moins une (celle d'Orléans), le départ des marchandises n'est obligé que quarante-huit heures après la remise; on a de plus un jour à l'arrivée : total, trois jours à ajouter à la durée de quelque voyage que ce soit, durée qui est au moins d'un jour. Ainsi, pour un trajet de 50 kilomètres et même de 20, les Compagnies sont en droit de mettre quatre jours. »

Dans l'état actuel des choses et les administrations de Chemins de fer prenant leurs aises, les bateaux à vapeur peuvent, sous le rapport de la vitesse, rivaliser avec les wagons, même pour les points les plus éloignés de Paris, c'est-à-dire, placés à l'extrême frontière.

Un service de bateaux à vapeur entre Lille et la Villette s'est organisé il y a à peine un an, et ces bateaux font le trajet en quatre jours, c'est-à-dire, 382 kilomètres dans le même temps qu'un colis expédié de Paris mettrait à parvenir à Pontoise par la petite vitesse.

Ne serait-il pas dérisoire d'appeler de la célérité un service où l'on emploie quatre jours pour voiturer des marchandises à 20, à 50, ou même à 100 kilomètres ? Les Compagnies, cependant, ou la plupart d'entre elles, ne veulent pas se départir de cette interprétation ; elles refusent de prendre des engagements, c'est-à-dire de remettre des lettres de voiture portant un délai moindre que le délai légal.

Les réclamations surgissent aussi de toutes parts contre le service des articles dits de *messagerie*, qui sont soumis au tarif de la grande vitesse, tarif, on le sait, extrêmement élevé, 36 centimes par tonne et par kilo- mètre. Le public se résignerait peut-être à cette cherté s'il était bien servi, s'il avait, par la célérité, le retour des frais qu'on lui impose. Malheureusement, il n'en est pas toujours ainsi : il arrive souvent qu'on paie cher pour être mal traité.

On assure que, pour perfectionner le service de la messagerie, la Compagnie d'Orléans, à laquelle on est redevable déjà de beaucoup d'améliorations, a pris l'initiative d'un projet dont le succès serait infaillible. Il s'agirait de centraliser, pour toutes les Compagnies qui aboutissent à Paris, le départ et la distribution dans la capitale, et d'instituer en France un service général de correspondance. Ce serait la poste aux paquets et aux petits colis, comme la grande Administration de la rue Jean-Jacques-Rousseau est la poste aux lettres. La satisfaction que cette dernière donne au public est la garantie de ce que pourraient faire les Compagnies de Chemins de fer réunies en syndicat pour le service de la messagerie. Il faut espérer que les quatre autres Compagnies parisiennes, celle du Nord, de Lyon, de l'Est et de l'Ouest, se prêteront à cette combinaison, qui serait à l'avantage de tout le monde.

La rapidité des transports de voyageurs et de marchandises sur les voies ferrées, les routes et les rivières, est évaluée ainsi qu'il suit :

Grande vitesse :

Chemins de fer.

Trains ordinaires : **35** kilomètres à l'heure.
   — express : **72** — —

Voitures.

Voitures publiques : 10 à **16** kilomètres à l'heure.

Bateaux à vapeur.

Bateaux à vapeur sur les rivières et canaux : 10 à **20** kilomètres à l'heure.

Petite vitesse :

Chemins de fer : 10 à **30** kilomètres à l'heure.

Roulage : 3 à 4 kilomètres à l'heure.
Voies navigables : 2 à 8 kilomètres à l'heure.

Les tarifs perçus par kilomètre sont, en moyenne, les suivants :

Chemins de fer. { Voyageurs, l'un, — 0 fr. 06 à 0 fr. 066.
{ Marchandises, le tonneau, — 0 fr. 076.

Routes........ { Voyageurs, l'un, — 0 fr. 10 à 0 fr. 12.
{ Marchandises, le tonneau, — 0 fr. 20.

Voies navigables. { Voyageurs, l'un, — 0 fr. 03 à 0 fr. 05.
{ Marchandises, le tonneau, — 0 fr. 03 à 0 fr. 05.

Ces chiffres expliquent comment le roulage a disparu de nos routes au fur et à mesure que nos Chemins de fer ont pris du développement. Il ne reste plus aujourd'hui de service régulier de roulage et de messagerie que sur les points non desservis par la vapeur.

La vitesse n'est pas égale sur toutes les lignes de Chemin de fer. On remarque que les trains mixtes et les convois de marchandises, qui marchent à raison de 35 kilomètres à l'heure sur la plupart des lignes ferrées, ne parcourent que 12 kilomètres sur celles du Rhône et de la Loire.

Renseignements sur les affluents du bassin de la Villette.

J'ai pu me procurer, sur les trois canaux qui débouchent dans le bassin de la Villette, des renseignements qui devront vous intéresser à divers points de vue.

J'ai en effet trouvé dans un ouvrage récemment publié par M. Ernest Grangez, chef de bureau au Ministère des travaux publics (Précis historique et Statistique des voies navigables de la France), les détails les plus précis sur le canal de l'Ourcq, le canal Saint-Denis et le canal Saint-Martin.

CANAL DE L'OURCQ.

Le développement total du canal de l'Ourcq se compose des parties suivantes :

1° Rivière de l'Ourcq canalisée, du Port-aux-Perches à Mareuil . . . . 11,127 mèt.

2° Canal de l'Ourcq, depuis Mareuil jusques et y compris le bassin de la Villette, dont la longueur est de 697 mètres 96,736

107,863

3° Dérivation navigable du Clignon (département de Seine-et-Marne) 1,200

Total . . . . 109,063 mèt.

La ligne principale se divise ainsi par départements :

Département	de l'Aisne	$6,527^{m}$	
—	de l'Oise	13,636	
—	de Seine-et-Marne	67,700	107,863 mètres.
—	de Seine-et-Oise	8,800	
—	de la Seine	11,200	

La pente totale, depuis le Port-aux-Perches jusqu'au bassin de la Villette, est de 15^{m} 50, dont 6^{m} 62 sur la partie récemment canalisée, et 8^{m} 88 sur le canal proprement dit.

La pente de 6^{m} 62 est rachetée par cinq écluses de 5 mètres de largeur et 63 mètres de longueur; celle de 8^{m} 88 était autrefois répartie, mais inégalement, sur toute l'étendue du canal. Par suite d'une erreur dans le projet primitif, la pente de superficie se trouvait trop forte entre Lisy et Claye; cinq écluses ont été construites dans cette partie intermédiaire pour obtenir une répartition régulière. Ces écluses, à peu près également espacées sur une longueur de 31,498 mètres, se composent de deux sas juxtaposés, de 3^{m} 20 de largeur sur 58^{m} 80 de longueur. Deux bateaux à la file l'un de l'autre y passent toujours simultanément.

La hauteur des ponts au-dessus du plan d'eau est au minimum de 4 mètres.

Le tirant d'eau normal est de 1^m 20, mais on ne navigue guère qu'à l'enfoncement de 0^m 90.

La charge ordinaire des bateaux qui fréquentent le canal de l'Ourcq est de 50 tonnes; celle des bateaux accélérés n'est que de 30 à 40 tonnes. Ces bateaux ont 3 mètres de largeur sur 28^m de longueur.

Pour les bateaux ordinaires, la traction a lieu à bras d'hommes ou au fil de l'eau, à la descente, et par chevaux, à la remonte. Les bateaux accélérés sont halés à la descente comme à la remonte.

La durée du trajet du Port-aux-Perches à la Villette est de trois jours; on en met cinq à la remonte.

Les frais de transport, déduction faite du péage, reviennent à 0 fr. 02 par tonne et par kilomètre, pour les bois et les pierres de taille. Les bois de la forêt de Villers-Cotterets sont amenés du Port-aux-Perches au bassin de la Villette, aux prix de 0 fr. 35 le décastère, pour les bois durs, et de 0 fr. 25 pour les bois blancs; ces derniers prix comprennent les droits et tous les frais.

Les grains et farines, généralement transportés en accéléré et à couvert, sont amenés de la Ferté-Milon à Paris et rendus à domicile à raison de 9 à 10 fr. la tonne, et de Meaux à la Villette, à raison de 5 fr.

Le tarif annexé au Traité approuvé par la loi du 20 mai 1818 est ainsi conçu :

Maximum des droits à percevoir par tonneau et par distance de 5,000 mètres.

1° Les pailles, fourrages, engrais, sable, moellons, pierre à plâtre, pierre à chaux, seront assujettis à un droit qui ne pourra excéder. . . . .   0 fr. 10

2° Le bois à brûler, la pierre de taille, le grès ou pavé.   0   20

3° Le charbon de terre, le charbon de bois, les lattes, échalas, bois ouvrés, la chaux vive, la tuile, la brique, etc.   0 fr. 25

4° La farine, le blé, le vin, les fruits et légumes secs ou verts, le sel et les épiceries, et généralement toutes les marchandises non portées dans les articles précédents. . .   0   50

Mais la Compagnie a consenti, sur ce tarif, les réductions suivantes :

Navigation descendante : par tonne et généralement par distance de 5,000 mètres.

Bois à brûler, lattes, sciage dur et blanc, étaux, échalas, voliges de bois blanc, voliges à ardoises..............	0 fr.	18
Bourrées et souches...........................	0	09
Charpente...................................	0	09
Charbons de bois.............................	0	12
Briques et tuiles embarquées. { au dessous de Lisy.............	0	12
au dessus de Lisy (à forfait pour tout le parcours)...........	1	00
Terre et sable, cailloux, quel que soit le parcours, à forfait par tonneau..............................	0	25
Chaux vive, engrais...........................	0	10
Fourrages, paille.............................	0	06
Tourbe carbonisée, pierre à plâtre, plâtre cuit.......	0	05
Tourbe en nature, poussier de charbon de bois et braisette..................................	0	035
Pierres de taille, embarquées { au-dessous de Lisy (maximum quand elles ne viennent pas à la Villette).....................	0	075
au-dessus de Lisy, arrivant à la Villette (à forfait pour tout le parcours).....................	1	00
Pierres de taille, embarquées venant des carrières de Vauciennes et Puiseaux jusqu'à la Villette, à forfait.....	0	75

Ces droits sont diminués de 0 fr. 20 par tonne pour les pierres débarquées aux grues du bassin. Cette diminution porte sur la recette de la Villette.

Moellons, embarqués { au-dessus de Mareuil, ou à la carrière Laplace, à forfait.......	0	33
au-dessous de Mareuil (à forfait pour tout le parcours)........	0	50

Pavés, embarqués {
au-dessus de Mareuil (à forfait pour tout le parcours) 0 85
au-dessous de Mareuil (à forfait pour tout le parcours) . . . . 1 »

Farine, son, issues, grains, liquides, et toutes marchandises non tarifées. 0 20

Farine, son, blé, fers, fontes, carreaux, etc., transbordés aux grues et manéges du confluent 0 04

Navigation montante.

Toutes espèces de marchándises, par tonneau et par distance. 0 04

Nota. Toutes les marchandises, soit en remonte, soit en descente, qui n'auront pas parcouru trois distances, payeront le tarif maximum légal.

Les flûtes venant du canal de l'Ourcq, chargées de bois provenant de la forêt de Villers-Cotterets, pourront stationner à la gare circulaire, au canal élargi et au bassin de la Villette, pendant les quinze jours qui suivront leur arrivée, sans payer aucun droit de stationnement; passé ce délai, elles payeront, par mètre superficiel et par jour. . . . 0 fr. 04

Toutes les autres flûtes n'auront que huit jours de planches; après ce délai, elles payeront, par mètre superficiel et par jour 0 04

La Compagnie ne donne aucune espèce d'indication sur le chiffre de ses divers produits; elle ne donne également aucun renseignement officiel sur le mouvement de la navigation, qui emprunte l'un ou l'autre des trois canaux dont elle exploite la concession.

Voici pour une période de douze années le tonnage des marchandises versées par le canal dans le bassin de la Villette et qui ont été déchargées soit sur le port de ce bassin, soit sur les autres ports de Paris ou du département de la Seine :

En	1842....	83,825 tonn.	En	1848....	130,082 tonn.
—	1843....	111,505 —	—	1849....	134,492 —
—	1844....	147,907 —	—	1850....	129,769 —
—	1845....	171,866 —	—	1851....	128,682 —
—	1846....	181,561 —	—	1852....	176,849 —
—	1847....	217,641 —	—	1853....	198,820 —

La décomposition, par nature de marchandises et pour les trois dernières années, est indiquée dans le tableau d'autre part.

On y a ajouté pour plus de clarté et pour pouvoir servir de base aux comparaisons avec les exercices suivants,

1° Une colonne totalisant les opérations des trois années ;

2° Une colonne présentant la moyenne de ces opérations.

NATURE DES MARCHANDISES.	TONNAGE ABSOLU.			TOTAL.	MOYENNE des 3 années.
	1851.	1852.	1853.		
	Tonnes.	Tonnes.	Tonnes.	Tonnes.	Tonnes.
Liquides.... { Vins.	53	»	546	599	200
Eaux-de-vie, esprits, liqueurs..	»	»	»	»	»
Vinaigres, cidres, bières, etc...	»	»	»	»	»
Huiles.	»	»	825	825	275
Épiceries, drogueries. { Sucre.	»	»	20	20	7
Savons, denrées diverses.	136	96	2,660	2,892	964
Combustibles. { Bois à brûler.	27,588	21,298	17,861	66,747	22,249
Charbon de bois.	3	7	»	10	3
Charbon de terre.	25	»	»	25	8
Coke et tourbe.	121	»	»	121	40
Bois à ouvrer de toute nature.	13,015	17,880	22,791	53,686	17,895
Céréales.... { Blés, farines.	36,240	22,233	12,527	71,000	23,667
Avoines, seigles, graines diverses	4,582	5,851	4,478	14,911	4,971
Fourrages.	74	41	25	140	47
Comestibles. { Poisson, beurre, œufs.	»	»	»	»	»
Fruits.	26	43	43	112	37
Objets divers.	»	2,486	2,470	4,956	1,652
Métaux.	1,474	1,301	17,376	20,151	6,717
Matériaux.... Pierres, tuiles, etc.	42,818	96,112	102,903	241,833	80,611
Objets divers { Cotons.	78	»	1,887	1,965	655
Faïence, peaux, papiers, meubles	2,449	9,501	12,408	24,358	8,119
	128,682	176,849	198,820		
		504,351		504,351	168,317

Quant aux expéditions de Paris vers les localités situées sur le canal de l'Ourcq, il n'en a été fait des relevés que depuis deux ans : le tonnage de ces expéditions a été, en 1852, de 27,970 tonnes, et, en 1853, de 47,398 tonnes. Pour le premier semestre de 1854, les relevés accusent déjà 21,722 tonnes d'exportation, et l'on compte 117,431 tonnes d'importation, dans lesquelles les matériaux de construction entrent pour 72,453 tonnes.

CANAL SAINT-DENIS.

Ce canal part de la gare circulaire établie sur le canal de l'Ourcq, à 700 mètres au-dessus du bassin de la Villette, et va tomber dans la Seine à la Briche, près Saint-Denis : il forme, avec le canal Saint-Martin, une communication de la Seine à la Seine, pour laquelle le canal de l'Ourcq fait fonction de rigole alimentaire.

Cette communication abrège de 29 kilom. le trajet en rivière, qui ne présente plus actuellement de difficultés.

Le 16 mai 1821, la navigation était ouverte sur le canal Saint-Denis, dont la réception définitive a été prononcée, en même temps que celle du canal de l'Ourcq, par une décision du 9 septembre 1839.

La longueur du canal Saint-Denis, longueur comprise dans le département de la Seine, est de...................... 6,647 mètres.

Le tirant d'eau normal est de................. 2 id.

Les bateaux qui fréquentent le canal Saint-Denis ont une charge moyenne de 260 tonnes ; la charge maximum va à 400 tonnes.

Le halage des bateaux a lieu au moyen de chevaux ; les frais de traction reviennent moyennement à 24 fr. pour les bateaux montants et à 13 fr. pour les bateaux descendants.

Les grands bateaux pontés, dits *besognes*, du port de 500 tonnes, sont halés à pleine charge, par quatre chevaux qui coûtent 50 fr. pour la traversée du canal.

Les grands chalands du Havre, de 400 tonnes, doivent être halés par trois chevaux qui coûtent 30 fr. Les autres bateaux peuvent être halés par deux chevaux, sauf les péniches du Nord pour lesquelles on n'emploie qu'un seul cheval. Pour ces péniches de 200 à 210 tonnes, le halage coûte 10 fr. Il coûte pour les barques de Chauny, chargées de produits chimiques, 20 fr.; pour les barques chargées de bois, de 20 à 25 fr. suivant le tonnage.

Le halage des bateaux vides coûte 7 fr. 50.

La durée du trajet est de 10 heures en moyenne, pour les grands bateaux, et de huit heures pour les petits.

Le tarif maximum des droits de navigation et de stationnement a été fixé ainsi qu'il suit par le Traité passé entre la ville de Paris et la Compagnie, et approuvé par la loi du 20 mai 1818, savoir :

Par Tonneau et par Écluse.

1° Les pailles et autres fourrages, les engrais, le sable, les moellons, le plâtre, la pierre à chaux sont assujettis à un droit qui ne pourra excéder 0   05

2° Le bois à brûler, la pierre de taille, le grès ou pavé.   0   075

3° Le charbon de terre, le charbon de bois, les bois de charpente, les lattes, les échalas, et généralement tous les bois ouvrés, la chaux vive, la tuile, la brique.   0   10

4° Le sel, la farine, le blé et autres grains et toutes espèces de fruits, les ardoises, fontes de fer, etc.   0   15

5° Le vin, l'eau-de-vie, le vinaigre, les épiceries et généralement toutes les marchandises non portées dans les articles précédents.   0   20

6° Le maximum du droit de stationnement est fixé par mètre superficiel et par jour à.   0   04

Ces droits sont considérables : ils reviennent, par kilomètre, à 0 fr. 40 pour les marchandises chères, telles que les vins, eaux-de-vie, épiceries, fers, etc.; à 0 fr. 20 pour les houilles, les bois, etc. Aussi, dès les premiers temps, la Compagnie a-t-elle dû consentir, pour le passage de Seine en Seine ou pour les destinations de l'Entrepôt de la place des Marais, de très fortes réductions. Aujourd'hui ces réductions sont plus considérables encore, par suite de la concurrence des Chemins de fer; et le droit sur les vins, par exemple, qui de 2 fr. 40 avait été abaissé à 1 fr., pour toute la traversée du canal, vient d'être abaissé de nouveau à 0 fr. 50.

Le charbon de terre est taxé par le Tarif légal à 0 fr. 20 par écluse ; mais, lors de l'expiration de la concession du canal Saint-Quentin, le Gouvernement, dans le but de faciliter à la batellerie du Nord les moyens de lutter contre les Chemins de fer, avait, avant de réduire les tarifs des cours d'eau à lui appartenant sur la ligne de Mons à Condé, obtenu de la Compagnie du canal Saint-Denis que le droit sur la houille serait réduit de moitié. Le décret du 4 septembre 1849, qui a homologué cette modification, ne devait avoir son effet que pendant trois années consécutives, à partir du 25 du même mois ; mais sa mise en vigueur a été prorogée, avec l'assentiment de la Compagnie, par un dernier décret du 24 août 1854.

Voici, au reste, le Tarif des droits réellement perçus pour navigation, stationnement et garage, en réduction du Tarif légal :

1° DROITS DE NAVIGATION.

Par tonneau et par écluse.

Les moellons, meulières, sables, pailles, fourrages, engrais, tourbe brute, terre à faïence, pierre de taille, pierre à chaux, pavés	0 fr.	04
La poudrette, en descente	0	05
Le bois à brûler	0	05
Le charbon de terre, le coke et la tourbe carbonisée	0	05
Les bois de charpente, sciage, grumes, lattes, échalas, bois ouvrés, chaux, tuiles, briques	0	06
Les farines, blés et autres grains, fruits, fontes, fers, cuivre, plomb, épiceries, sucres, marbres, verreries, faïences, poteries, et les marchandises non tarifées	0	07
Les charbons de bois	0	06

Marchandises venant de Rouen.

Les marchandises venant de Rouen payeront à forfait pour tout le parcours du canal :

1° Pour les liquides......................... 0 fr. 50
2° Pour les marchandises sèches................. 0   50

NOTA. Lorsqu'un chargement dépassera 300 tonneaux, il ne sera point perçu de droits pour l'excédant, et dans ce cas, la franchise accordée à l'excédant portera sur la marchandise la moins taxée.

Les marchandises provenant de l'Oise et de ses affluents (excepté, toutefois, les verres et bouteilles, les bois et la tourbe carbonisée) sont assimilées aux marchandises venant de Rouen.

Marchandises allant à l'Entrepôt.

Les marchandises allant à l'Entrepôt réel de la Douane, à la place des Marais, payeront, pour le parcours du canal, un prix
à forfait de.................................... 0 fr. 375

Bateaux passant de la haute à la basse Seine ou à la gare Saint-Denis et aux Vertus.

Les bateaux passant de la haute à la basse Seine, quels que soient la nature et le poids de leur chargement, payeront à forfait, savoir :

Par bateau de 200 tonneaux et au-dessus......... 45 fr. »
—   de 150 à 200 tonneaux.............. 36   »
—   de 100 à 150 tonneaux.............. 27   »
—   au-dessous de 100 tonneaux.......... 18   »

Tout bateau chargé de n'importe quelle marchandise, passant de la haute Seine à la gare Saint-Denis et aux Vertus, payera un tiers en sus des droits ci-dessus, selon son tonnage possible.

Bateaux vides.

Tout bateau vide n'ayant pas traversé ou ne devant pas traverser le canal à charge, payera à forfait :

Par bateau de 200 tonneaux et au-dessus........... 45 fr. »
     —   de 150 à 200 tonneaux................ 36 »
     —   de 100 à 150 tonneaux............... 27 »
     —   au-dessous de 100 tonneaux........... 18 »

Tout bateau dont le chargement, d'après l'application du Tarif, ne produira par les prix ci-dessus payera comme bateau vide.

Trains.

Les trains montant à la gare Saint-Denis payeront à forfait :

1° Ceux de bois à brûler, par éclusée............ 15 fr. »
2° Ceux de sciage, quelle que soit la quantité...... 20 »

Les trains qui monteraient à la Villette payeront :

1° Ceux de bois à brûler, par éclusée............ 30 fr. »
2° Ceux de sciage, quelle que soit la quantité...... 45 »

2° DROITS DE STATIONNEMENT.

Bateaux venant de la basse Seine.

Tous les bateaux venant de la basse Seine, excepté ceux chargés de charbon de terre, de bouteilles et verres à vitres, auront dix jours de planche pour effectuer leur déchargement.

Ceux chargés de charbon de terre, de bouteilles et verres à vitres, auront vingt jours. Après ce délai, ils payeront par jour, quelles que soient leurs dimensions.......................... 1 fr. 50

Bateaux venant du canal Saint-Martin.

Les bateaux chargés de charbon de terre payeront par jour, quelles que soient leurs dimensions...................... 2 fr. 50

Tous les autres bateaux payeront, conformément au
Tarif légal, par mètre superficiel et par jour.......... 0 fr. 04

Les bateaux chargés de tuiles, briques et ardoises auront huit jours
de stationnement gratuit.

Après ces huit jours, ils payeront par mètre superficiel
et par jour..................................... 0 fr. 04

Les bateaux chargés de carreaux, de meules, payeront,
pour les huit premiers jours, un prix à forfait de...... 10 fr. »

Les éclusées de bois à brûler, de sciage et de charpente, auront trois
jours pour effectuer leur tirage.

Après ce délai, elles payeront par mètre superficiel et
par jour...................................... 0 fr. 04

Les bois de charpente, sciage et grumes, arrivant soit par bateaux, soit
en trains, ne payeront que la moitié des Tarifs ci-dessus.

Flûtes de l'Ourcq.

Les flûtes venant du canal de l'Ourcq, chargées de bois provenant
de la forêt de Villers-Cotterets, pourront stationner à la gare circulaire,
au canal élargi et au bassin de la Villette, pendant les quinze jours qui
suivront celui de leur arrivée, sans payer aucun droit de stationnement.

Passé ce délai, elles payeront par mètre superficiel et
par jour..................................... 0 fr. 04

Toutes les autres flûtes n'auront que huit jours de planche.

Après ce délai elles payeront, par mètre superficiel et
par jour..................................... 0 fr. 05

3° DROITS DE GARAGE.

Bateaux venant du canal Saint-Martin.

Les toues, flûtes ou barquettes de 130 mètres superficiels payeront,
pour droits de garage et par jour................... 1 fr. »

Les péniches, lavandières, marnois et autres grands
bateaux payeront par jour.......................... 2 »

Flûtes de l'Ourcq.

Les flûtes venant de l'Ourcq payeront, pour droits de garage et par jour.............................. 1 fr. 50

Nota. Les bateaux ne sont admis en garage que du jour où les mariniers se sont fait inscrire pour être placés dans cette situation et sur les points qui leur sont indiqués par les agents de la Compagnie.

4° DISPOSITIONS GÉNÉRALES.

Les bateaux venant de la basse Seine et destinés soit pour le bassin de la Villette, soit pour le canal Saint-Martin, auront franchise de droits pour les chargements en retours directs, en tant que ces bateaux effectueront leur retour dans le délai d'un mois.

La poudrette est exceptée de cette disposition.

Port de la Rotonde.

Tout bateau qui se mettra à quai au port de la Rotonde n'aura que trois jours de planche; à compter du quatrième jour, il payera par mètre superficiel et par jour...................... 0 fr. 04

Les bateaux opérant leur déchargement à la place de la Rotonde, en se plaçant en deuxième et troisième ligne, resteront assimilés aux bateaux déchargeant sur tous les autres points du bassin.

Les marchandises déposées dans la partie du port de la Rotonde servant aux mouvements journaliers ne pourront y séjourner que trois jours au plus ; à partir du quatrième jour, elles payeront pour l'emplacement par elles occupé, par mètre superficiel et par jour.. 0 fr. 04

La Compagnie ne fait connaître ni le chiffre de ses produits, ni rien de ce qui s'y rapporte.

Tout ce que l'on peut dire à l'égard du canal Saint-Denis, c'est qu'il paraît certain que le nombre des bateaux qui, en 1853, ont traversé l'écluse de la Briche pour entrer dans ce canal, s'est élevé à 4,400. Si l'on applique à chacun de ces bateaux le tonnage moyen ci-dessus indiqué de 260 tonneaux, on obtient pour résultat un tonnage absolu de près de 1,150,000 tonneaux. Quant à la descente de la Villette vers la Briche, on n'ignore pas qu'elle se compose en très-grande partie de bateaux vides ; mais on n'a aucune donnée sur le tonnage des expéditions.

L'achèvement des travaux de canalisation de la Seine dans la traversée de Paris va modifier sensiblement, et a déjà même modifié le mouvement de la navigation de la voie artificielle, qui avait été créée dans le but de suppléer à cette traversée. C'est en vue de ramener sur cette ligne les transports des vins que la Compagnie a réduit son Tarif dans d'aussi fortes proportions sur cet élément si important du trafic de sa ligne ; mais, nonobstant cette réduction, le commerce paraît trouver avantage à suivre la nouvelle voie qui lui est ouverte, et, dans certaines circonstances, à diriger ses marchandises par le Chemin de fer de Ceinture.

CANAL SAINT-MARTIN.

Cette seconde branche de la communication de la Seine à la Seine traverse Paris ; elle a son origine à l'extrémité Sud du bassin qui termine le canal de l'Ourcq à la Villette, et débouche dans la Seine par le bassin de l'Arsenal, un peu en aval du pont d'Austerlitz.

Le développement du canal Saint-Martin est de.... 4,228 mètres.

La pente est de 24^m68 ; elle est rachetée par neuf écluses, accouplées deux à deux, sauf la dernière du côté de la Bastille : ces écluses, comme celles du canal Saint-Denis, ont $7^m 80$ de largeur et 42 mètres de longueur. C'est sur le troisième bief d'amont qu'a été établie la gare qui sert au déchargement pour l'Entrepôt des Marais.

Pour le canal Saint-Martin, les droits fixés par ce Tarif reviennent, par par tonne et kilomètre, à 0 fr. 347 pour les vins, eaux-de-vie, épiceries, fers, etc.; à 0 fr. 174 pour les bois, etc. Les causes qui ont été indiquées dans l'article précédent ont donc exercé la même influence sur les réductions que la Compagnie a successivement prononcées à l'égard du canal Saint-Martin. Voici le Tarif des droits réellement perçus :

1º DROITS DE NAVIGATION.

Par tonneau et par écluse.

La tourbe en nature, les fers et fontes, les pailles et autres fourrages et engrais, le sable, les moellons bruts, la meulière brute, la pierre à chaux et à plâtre, la terre à faïence. . . . .   0 fr. 05

Le bois à brûler, les pierres de taille, les marbres, grès ou pavés, meulières et moellons taillés.   0   075

Les pavés de toute nature descendant des bassins de la Villette.   0   05

Les épiceries, le sel, les farines, blés, grains et fruits de toutes espèces, le charbon de bois, le charbon de terre (*réduction d'un cinquième pour les bateaux de charbons de terre traversant le canal entier*), la tourbe carbonisée, le bois de charpente, les lattes, échalas, et généralement tous les bois ouvrés, la chaux vive, les ardoises, tuiles et briques, les glaces, verreries, faïences et poteries.   0   10

Les vins, eaux-de-vie et autres liquides.   0   20

Les vins, eaux-de-vie et autres liquides, traversant au moins six écluses, payeront un prix à forfait de.   1   »

Pour tout ou partie de la traversée.

Les droits sur les vins et liquides passant de la basse à la haute Seine sont fixés pour tout le parcours du canal, par tonne, à   0 fr. 50

Lorsqu'un chargement dépassera 300 tonneaux, il ne sera pas perçu de droits pour l'excédant.

Trains.

Les trains de bois à brûler, de bois de charpente et de sciage, pour tout le bois qu'une éclusée peut contenir, payeront pour la traversée du canal (y compris les droits du bassin de la Villette). . . . . . .   66 fr.   »

Pour ceux en destination aux 1er, 2e et 3e biefs.   30   »

Dans le cas de passage aux écluses de coupons détachés, ils payeront un quart en sus des prix ci-dessus, mais proportionnellement, cependant, à leur superficie relative à une éclusée entière.

Bateaux passant de la haute à la basse Seine ou à la gare Saint-Denis.

Tout bateau chargé de n'importe quelle marchandise, passant de la haute à la basse Seine, payera, pour la traversée du canal, un prix à forfait, savoir :

1° Par bateau d'un tonnage supérieur à 200 tonneaux..... 45 fr.
2°   —   —   de 150 à 200............. 36
3°   —   —   de 100 à 150............. 27
4°   —   —   inférieur à 100............. 18

Tout bateau chargé de n'importe quelle marchandise, passant de la haute Seine à la gare Saint-Denis, payera un tiers en sus des prix ci-dessus selon le tonnage maximum.

Bateaux vides.

Tout bateau vide n'ayant pas traversé ou ne devant pas traverser le canal à charge payera un prix à forfait, savoir :

1° Par bateau d'un tonnage supérieur à 200 tonneaux..... 45 fr.
2°   —   —   de 150 à 200............. 36
3°   —   —   de 100 à 150............. 27
4°   —   —   inférieur à 100............. 18

Sera considérée comme bateau vide, et taxée comme telle, toute embarcation dont le tonnage imposé d'après les tarifs ne portera pas le droit de navigation à la somme que devrait payer la même embarcation si elle était vide.

2° DROITS DE STATIONNEMENT.

Tout bateau chargé de n'importe quelle marchandise (le charbon de bois excepté) payera pour droits de stationnement, et par jour, savoir :

1° Par bateau d'une superficie au-dessus de 200^m..... 4 fr. » c.
2°   —   —   de 150 à 200........ 3   »
3°   —   —   de 100 à 150....... 2   »
4°   —   —   au-dessous de 100..... 1   50

Les bateaux entièrement chargés de bouteilles et verreries payeront les prix de stationnement ci-dessus, mais seulement durant les huit premiers jours. Pendant le temps excédant, ils ne payeront plus que moitié desdits prix.

Charbon de bois.

Tout bateau chargé de charbon de bois payera, par mètre superficiel et par jour.............................. 0 fr. 04
Réduction d'un quart sur les bateaux chargés de charbon de bois en vente sur l'eau, dans le bassin d'Angoulême..... 0 fr. 03

Trains.

Les trains de bois à brûler, de charpente ou de sciage, devront être déchirés dans le délai de huit jours à partir de leur entrée dans le canal. Au delà de ces huit jours, il sera perçu, par mètre superficiel et par jour... .... 0 fr. 02

3° DROITS DE GARAGE.

Il n'y aura de garage que dans la gare de l'Arsenal et le bassin de Pantin.

Il sera payé pour droits de garage, par bateau chargé ou vide, et par jour, à partir du jour de son entrée dans les bassins de garage, savoir :

1° Par bateau d'une superficie supérieure à 200^m...... 1 fr. 20 c.
2°   —   —   de 150 à 200........ » 90
3°   —   —   de 100 à 150........ x 60
4°   —   —   au-dessous de 100...... » 30

4° DISPOSITIONS GÉNÉRALES.

1° Tout bateau provenant de la haute ou de la basse Seine, ou descendant du bassin de la Villette, se plaçant en stationnement dans les différents biefs ou bassins, *à l'exception des bassins du Combat, des Marais et Saint-Antoine*, sera, pendant huit jours, à dater de son entrée, exempt de tout droit de stationnement jusqu'à l'époque de son chargement ou de son déchargement.

Soit après le délai de huit jours, soit à dater de l'instant de son déchargement ou de son chargement, les droits de stationnement seront perçus, jusqu'à sa sortie, conformément au tarif.

2° Les droits de stationnement seront perçus du moment de l'entrée des bateaux dans les bassins du Combat, des Marais et de Saint-Antoine. Seront seuls exceptés de cette disposition les bateaux chargés de sel, en destination pour le bassin des Marais, lesquels auront huit jours de stationnement en franchise.

3° Les bateaux chargés ou vides qui seront entrés dans la gare de l'Arsenal, et qui y auront acquitté un mois de droits de garage, seront exempts, à leur sortie, des droits de navigation pour le passage de l'écluse en Seine.

4° Lorsqu'un chargement dépassera 300 tonneaux, il ne sera pas perçu de droits sur l'excédant, et, dans ce cas, la franchise accordée à l'excédant portera sur la marchandise la moins taxée.

5° Tout bateau en descente (les flûtes de l'Ourcq exceptées) qui aura traversé, avec la moitié de son tonnage possible, six écluses au moins du canal Saint-Martin, aura franchise de droits pour tout chargement pris, soit dans ledit canal, soit dans les ports de la haute Seine, entre les ponts de la Tournelle et la Bosse-de-Marne, qu'il transportera en retour immédiat dans un délai qui, pour les bateaux sortant du canal à cet effet, ne pourra dépasser un mois à dater du jour de cette sortie. Cette franchise de droits n'aura lieu, au surplus, que sur un nombre d'écluses égal à celui parcouru, en descente, par la marchandise.

6° Tout bateau vide venant soit de la basse Seine, soit du bassin de la

Villette, traversant le canal Saint-Martin pour aller prendre un chargement dans la haute Seine, et traversant de nouveau ledit canal avec son chargement, payera les deux prix, à forfait, imposés aux bateaux vides et aux bateaux passant de la haute à la basse Seine.

7° Les pierres à plâtre qui seront chargées dans le deuxième bief seront considérées comme si leur chargement avait eu lieu dans le troisième.

Carte des voies navigables.

Pour mieux faire comprendre l'ensemble de notre réseau navigable, et les facilités qu'offrent les canaux pour le transport des marchandises de Paris aux points extrêmes de l'Empire, j'ai fait préparer une carte spéciale, où cinq lignes rouges retracent la direction des branches principales qui partent de la capitale. Cette carte, qui est jointe au présent travail, est accompagnée de la légende suivante :

Légende.

Le bassin de la Villette, considéré comme centre de la navigation en France, compte cinq grandes ramifications, cinq lignes navigables de premier ordre, qui elles-mêmes rayonnent sur des points importants de l'intérieur ou de l'étranger ; ce sont :

1° La ligne du Nord-Ouest, ou de Paris au Havre ;
2° La ligne du Nord, ou de Paris à Lille ;
3° La ligne de l'Est, ou de Paris à Strasbourg ;
4° La ligne du Sud, ou de Paris à Marseille ;
5° La ligne de l'Ouest, ou de Paris à Nantes.

Une autre ligne, qu'on pourrait appeler ligne du Centre, relie Paris à Vierzon ; elle a trop peu d'étendue pour être classée comme grande ligne de navigation.

Ligne du Nord-Ouest.

La ligne du Nord-Ouest, la plus courte de nos lignes navigables, conduit de Paris au Havre, et n'emprunte que les eaux de la Seine. Dans son parcours, qui est de 366 kilomètres, elle ne touche guère qu'une ville importante au point de vue commercial, Rouen, devenu depuis quelques années un centre considérable de transactions par eau.

Les bateaux qui transportent des marchandises franchissent la distance de Paris à Rouen en 12 heures à la descente (soit 30 kilomètres à l'heure), et en 16 heures à la remonte (soit 23 kilomètres environ à l'heure).

Ligne du Nord.

Elle relie Paris à Lille, considéré comme centre de la navigation du Nord, par un parcours de 382 kilomètres. Cette ligne se compose d'une partie de la Seine, de l'Oise, du canal de Saint-Quentin, du haut Escaut, du canal de la Sensée, de 6 kilomètres de la Scarpe et du canal de la Deûle jusqu'à Lille. Elle touche peu de villes importantes par leur commerce.

Lille a plusieurs embranchements, qui conduisent à Calais, à Gravelines et à Dunkerque, et, par l'Escaut, on arrive à Gand et à Anvers.

Un autre embranchement, non moins important, part de l'Oise et se dirige aussi sur la Belgique; c'est la Sambre, qui va rejoindre la Meuse et passe à Charleroi, Namur et Liége.

L'Aisne, qui se rattache aussi à la ligne du Nord à Saint-Quentin, conduit à Mézières.

Le canal de la Somme, qui se soude au canal de Saint-Quentin, débouche dans la Somme, à Saint-Valery, et conduit à la Manche.

Enfin, pour mémoire, nous citerons le petit canal de Condé, qui s'arrête, en Belgique, à Mons, et se soude cependant à l'Escaut, offrant ainsi un autre rayon navigable pour entrer dans les Pays-Bas.

Ligne de l'Est.

La ligne de l'Est relie Paris au Rhin à Strasbourg.

Sa longueur, qui est de 630 kilomètres, se compose d'une portion de la Seine, de la Marne navigable, du canal latéral à la Marne, et enfin du grand canal de la Marne au Rhin.

La ligne de l'Est est moins importante par ses stations en France que

14

par sa direction sur le cœur de l'Allemagne par le Necker et le Mein. Francfort, Mayence, Coblentz et Dusseldorf se trouvent en effet sur son parcours.

Ligne du Sud.

La plus longue de nos lignes navigables est celle qui relie Paris à Marseille ; elle se développe sur environ 1,100 kilomètres. Elle emprunte les cours d'eau les plus larges, les canaux les plus vastes et les mieux construits de tout notre système. Elle dessert aussi les villes les plus commerçantes de notre pays.

Cette grande ligne emprunte les eaux de la Seine, de l'Yonne, du canal de Bourgogne, de la Saône, du Rhône et de la Méditerranée. Elle touche à Châlon, à Lyon, à Valence, à Beaucaire, à Tarascon, à Arles.

Par deux grands embranchements :

1° Le Doubs et le Rhin, elle conduit à Bâle et au lac de Constance ;
2° Le Rhône, à la remonte, elle touche à Chambéry.

Ligne de l'Ouest.

Cette ligne se dirige sur l'Océan et s'arrête à Nantes.

Elle se forme des eaux d'une partie de la Seine, du canal de Loing, du canal d'Orléans, et enfin de la Loire.

Dans son parcours, qui est de 537 kilomètres, auxquels il faut ajouter 53 kilomètres, distance de Nantes à la mer, elle rencontre des centres commerciaux de la plus haute importance : Orléans, Blois, Tours, Saumur, Angers.

Cette ligne est aussi celle qui conduit à Bordeaux, par mer, et en remontant la Gironde. La distance qui sépare Bordeaux de Nantes est d'environ 300 kilomètres, de sorte que, de Paris à Bordeaux, la ligne navigable a un développement d'environ 900 kilomètres.

On a cru devoir indiquer sur la carte le canal dit des *Deux-Mers*, qui relie les deux lignes du Sud et de l'Ouest. Cette artère est d'une haute importance pour la partie septentrionale de la **France**, et forme un passage intérieur de l'Océan à la Méditerranée.

Il se développe sur un espace de près de 1,000 kilomètres, et touche, en partant de Beaucaire, à Cette, à Béziers, à Carcassonne, à Toulouse, à Agen, et arrive à Bordeaux.

Ainsi le canal des Deux-Mers pourrait être la ligne navigable de Paris à Bordeaux, sans toucher la mer.

Je crois de mon devoir, avant de clore mon rapport, de vous entretenir un instant des opérations de la Douane en 1855 et des entrepôts français en 1856.

Vous y verrez que Paris, déjà placé au quatrième rang par l'importance de ses recettes, pourrait promptement atteindre le troisième rang si les mesures que j'ai eu l'honneur de vous proposer étaient favorablement accueillies.

DOUANES.

PERCEPTIONS EN 1855.

Les droits de toute nature perçus par l'Administration des Douanes s'élèvent à la somme totale de 226,364,858 fr., et se décomposent ainsi qu'il suit :

Droits.... { d'entrée	...	190,398,745
de sortie	...	1,373,792
de navigation	...	3,256,971
Droits et produits accessoires	...	3,104,203
Taxe de consommation sur les sels	...	28,231,147

Comparativement aux recettes effectuées en 1854, il y a une augmentation de 41,716,206 fr., qui porte pour 40 millions sur les droits d'entrée, et pour 1,600,000 fr. environ sur la taxe de consommation des sels.

Il existe une augmentation de 48 p. 0/0 sur les sucres étrangers, de 22 p. 0/0 sur les sucres de nos colonies, de 25 p. 0/0 sur le café, de 9 p. 0/0 sur le coton, de 45 p. 0/0 sur les laines, de 29 p. 0/0 sur les houilles, et de 35 p. 0/0 sur la fonte brute.

Voici le montant des perceptions opérées par les principales Douanes et la proportion qu'elles représentent pour chacune dans le chiffre total, en ce qui concerne les années 1854 et 1855.

	1854.	**1855.**
Le Havre..........	35,959,000 fr. ou 19 1/2 p. °/₀	48,858,000 fr. ou 21 1/2 p. °/₀
Marseille..........	36,152,000 19 1/2	37,813,000 16 1/2
Nantes............	18,027,000 10	24,687,000 11
Paris.............	15,622,000 8 1/2	19,683,000 8 1/2
Bordeaux	13,313,000 7	18,141,000 8
Dunkerque........	7,014,000 4	8,159,000 3 1/2
Rouen............	4,540,000 2 1/2	6,379,000 3
Autres Douanes....	54,022,000 29	62,645,000 28

NAVIGATION.

Le mouvement maritime de la France, tant avec ses colonies qu'avec l'étranger, à la voile et à la vapeur, a occasionné 36,757 voyages ; la jauge totale des navires employés a été de 5,333,000 tonneaux. C'est, comparativement aux résultats de l'année précédente, une augmentation de 8 0/0 sur le nombre des voyages, et de 16 0/0 sur le tonnage. Relativement à la moyenne quinquennale, l'augmentation s'élève à 7 p. 0/0 au premier point de vue, et de 25 p. 0/0 au second.

La part du pavillon français dans ce mouvement est, quant au tonnage, de 41 p. 0/0, soit 1 p. 0/0 de moins qu'en 1854, et 1/2 p. 0/0 de moins que la moyenne quinquennale.

En envisageant séparément la navigation à voile et la navigation à vapeur, on voit que la marine nationale figure dans la première pour 43 centièmes 1/2, ce qui constitue une diminution de 2 centièmes comparativement soit à 1854, soit à la moyenne quinquennale.

Dans la navigation à vapeur, au contraire, la part de notre pavillon a atteint près de 36 centièmes, de 32 centièmes 1/2 qu'elle avait été en 1854, et 31 centièmes seulement pour la moyenne quinquennale.

Dans le mouvement entre la France et l'Angleterre, notre marine n'est comprise que pour 22 centièmes, au lieu de 26 centièmes en 1854. Sur 4 centièmes seulement qu'elle représentait dans la même année, sa part a encore été réduite à 2 centièmes avec les États-Unis ; avec l'Espagne, cette même part est descendue de 40 à 34 centièmes ; de 66 à 63 centièmes avec la Turquie ; de 58 à 56 avec les États sardes : elle n'a pris en définitive de l'extension que dans nos relations avec un petit nombre de puissances, notamment avec les Deux-Siciles (36 centièmes au lieu de 23), la Grèce (27 centièmes au lieu de 6).

Voici, classées par rang d'importance, les douze puissances avec lesquelles nos mouvements maritimes ont été le plus actifs en 1855, et le tonnage afférent à nos rapports avec chacune de ces puissances pendant les deux dernières années :

RÉSUMÉ.

	TONNAGE TOTAL	
	en 1854.	en 1855.
Angleterre	1,596,348 tonnes.	1,920,473 tonnes.
États-Unis	515,129 —	469,579 —
Turquie	222,113 —	338,939 —
Espagne	223,287 —	274,679 —
États-Sardes	218,090 —	206,478 —
Deux-Siciles	136,280 —	171,004 —
Norwége	126,280 —	120,632 —
Toscane	103,811 —	107,320 —
Association allemande	48,442 —	80,619 —
Egypte	43,468 —	79,231 —
Indes anglaises	57,828 —	74,858 —
Antilles espagnoles	51,917 —	71,970 —

Ces douze puissances absorbent les 84 centièmes du tonnage total des bâtiments qui ont été affectés, en 1855, à la navigation de concurrence ; ils absorbaient, en 1854, les 85 centièmes.

Notre marine était entrée pour 28 centièmes dans le mouvement maritime constaté en 1854 avec les mêmes pays ; elle y figure, en 1855, pour 29 centièmes.

ENTREPÔTS.

Il est entré dans nos entrepôts, en 1855, 13,830,151 quintaux métriques de marchandises diverses valant ensemble 711 millions (valeurs officielles), augmentation sur le poids 1 p. 0/0 et sur la valeur 4 0/0 comparativement aux résultats constatés en 1854. Relativement à la moyennale quinquennale, l'augmentation est de 32 p. 0/0 sur le poids et de 9 0/0 quant aux valeurs.

La différence d'une année à l'autre, soit du poids, soit de la valeur, porte principalement sur la houille, les sucres étrangers, les métaux, les bois exotiques et l'huile d'olive, les laines et les graisses.

D'après le taux d'évaluation actuel, les produits de toute nature entrés en entrepôt, en 1855, représentent une valeur totale de 798 millions contre 702 en 1854; c'est une augmentation de 96 millions (14 p. 0/0).

Les entrepôts de Marseille et du Havre occupent, au double point de vue du poids et de la valeur, une position hors ligne : le premier a reçu 5,247,056 quintaux de marchandises estimées (valeurs officielles), 274 millions ; le deuxième, 3,554,471 quintaux estimés 246 millions. Ils ont absorbé ensemble 64 centièmes du poids, et 73 centièmes de la valeur de la totalité des marchandises entrées en entrepôt en 1855. Les entrepôts de Bordeaux et de Nantes viennent ensuite, le premier avec 883,014 quintaux, valeur 48 millions, et le deuxième avec 831,065 quintaux, valeur 32 millions.

La part de l'entrepôt de Paris est en poids de 391,394 quintaux, et en valeur de 41 millions ; et celle de l'entrepôt de Dunkerque, de 274,853 quintaux, estimés 11 millions (*Voir, pour la situation des entrepôts au 30 novembre, le tableau inséré à la fin du présent rapport*).

TRANSIT.

Les opérations de transit ont porté sur un poids de 760,434 quintaux

métriques, contre 732,525 quintaux en 1854; d'où une augmentation de
4 p. 0/0. Comparativement à la moyenne quinquennale, l'augmentation
s'élève à 34 p. 0/0.

Le même mouvement apprécié en argent (valeurs officielles) représente 373 millions, 1 p. 0/0 de plus qu'en 1854 et 21 p. 0/0 de plus que
la moyenne quinquennale. Ces résultats toutefois exigent une explication :
depuis 1853, on a dégagé des éléments qui jusqu'alors étaient entrés
dans la composition des tableaux résumés du transit, le transit des marchandises provenant d'admission.

On a laissé en dehors des deux chiffres suivants les marchandises qui
ont fait l'objet d'un transit local sur la frontière belge (de Belgique en
Belgique), et qui ont consisté en :

	1855.	**1854.**
Ardoises.........................	23,904 quintaux.	1,382 quintaux.
Houille et coke....................	234,100 —	163,050 —
Écorces à tan.....................	4,209 —	6,865 —
Fonte de fer et fer en barres..........	3,240 —	2,116 —
Bois à construire..................	39,747 —	32,567 —
Pommes de terre..................	1,396 —	483 —
Fourrages........................	894 —	»

Temporaires, ces dernières opérations sont l'objet d'un relevé particulier placé à la suite de l'état de développement; elles représentent
123,997 quintaux métriques, et 8,977,251 millions (valeurs officielles),
et 12,291,960 millions (valeurs actuelles); la réunion des deux chiffres
donne, savoir :

	1855.	**1854.**
En poids......................	884,431 quintaux.	908,602 quintaux.
Officielles......................	384 millions.	384 millions.
Actuelles.	401 —	392 —

La comparaison de l'ensemble des mouvements de transit, durant les deux dernières années, fait aussi ressortir, savoir : sur le poids, une diminution de 24,171 quintaux (3 p. 0/0) en 1855, et, sur les valeurs actuelles, une augmentation de 9 millions (2 p. 0/0). Il y a parité en ce qui concerne les valeurs officielles.

PRIMES.

Le montant des primes d'exportation, ou drawbacks, payées par le trésor public en 1855, s'est élevé à 41,025,952 fr. C'est 7,075,896 fr., soit 21 p. 0/0, de plus qu'en 1854.

L'augmentation porte principalement sur les sucres raffinés étrangers et sur les fils et tissus de laine.

Les primes payées sur les sucres raffinés entrent pour 67 centièmes dans le chiffre ci-dessus de 41,025,952 fr. C'est un centième de plus qu'en 1854, et 6 centièmes de plus que la moyenne quinquennale. Les fils et tissus de laine figurent dans le même chiffre pour 23 centièmes, un centième de moins qu'en 1854, et les fils et tissus de coton, comme en 1854, pour un peu plus de 5 centièmes.

Comme complément de mon travail, j'ai l'honneur de joindre ici :

1° Une copie de mon rapport et de ses annexes touchant les dispositions législatives et réglementaires sur les récépissés de dépôt et les *warrants*. (Ce rapport a été adressé à la Chambre de commerce le 4 décembre 1856.)

2° Un projet de demande à adresser à M. le Directeur-général des Douanes à l'effet d'obtenir l'établissement d'une Douane et d'une Manutention sur le bassin de La Villette.

Daignez agréer, Monsieur le Président et Messieurs, l'assurance de mon profond respect et de mon dévouement.

Le Directeur de la Manutention du commerce
près la Douane de Paris.

Moréno-Henriquès.

RAPPORT

A LA CHAMBRE DE COMMERCE

TOUCHANT

LES DISPOSITIONS LÉGISLATIVES ET RÉGLEMENTAIRES

SUR

LES RÉCÉPISSÉS DE DÉPOT OU WARRANTS.

**Marchandises déposées dans les magasins publics agréés
par l'État.**

4 Décembre 1856.

A Monsieur le Président et Messieurs les Membres de la Chambre de commerce de Paris.

Rapport touchant les dispositions législatives et réglementaires sur les récépissés ou warrants.

MONSIEUR LE PRÉSIDENT ET MESSIEURS,

Monsieur le Président, par sa lettre du 2 courant, me fait l'honneur de me demander des renseignements sur le mécanisme des warrants, ou récépissés de marchandises, tel qu'il fonctionne actuellement pour les marchandises déposées dans les magasins généraux.

Voici, Messieurs, ma réponse :

Décret des 21 et 26 mars 1848.

Un décret du gouvernement provisoire, du 21 mars 1848, a établi à

Paris, et dans les autres villes où le besoin s'en est fait sentir, des dépôts destinés à recevoir les matières premières, les marchandises et les objets fabriqués que leurs propriétaires voudraient placer sous la surveillance de l'État, en échange de récépissés transmissibles par endossement.

Décret organique du 16 janvier 1808, contenant les statuts de la banque de France.

Un second décret, du 26 mars 1848, a autorisé la Banque de France et ses comptoirs à accepter les récépissés de dépôt sur marchandises mentionnés par le décret du 21 mars 1848, en remplacement de la troisième signature exigée par l'article 12 du décret organique du 16 janvier 1808, contenant les statuts de la Banque de France.

Un arrêté du Ministre des finances, du 21 mars 1848, a réglé les dépôts à Paris dans les magasins généraux.

Le warrant français, ou récépissé de dépôt dans les magasins généraux, a pour objet de transformer en quelque sorte la marchandise en une valeur de commerce, négociable, se prêtant aussi facilement au contrat de vente qu'à celui de gage.

Voici comment fonctionne chez nous ce puissant élément du mouvement commercial :

Le négociant dont les magasins sont encombrés, et qui se trouve dans la nécessité de réaliser promptement, fait porter aux magasins généraux autorisés par l'État les marchandises dont il peut disposer et dont il dresse un bordereau.

Des experts, choisis parmi les négociants par la Chambre de commerce, le Conseil municipal ou la Chambre consultative des Arts et Manufactures, et assistés d'un courtier de commerce ou d'un commissaire-priseur, déterminent, au cours du jour, la valeur vénale des marchandises déposées, et dressent procès-verbal de leurs opérations. Ce procès-verbal reste annexé au bordereau de dépôt.

Inscription de ce dépôt est faite et signée sur un registre à souche tenu par le directeur du magasin. Elle porte :

La quantité et la désignation des marchandises,
La date du dépôt,
Le nom et le domicile du déposant,
Et la valeur constatée des objets déposés.

Ce dépôt peut être divisé en plusieurs lots, à la volonté du déposant.

Cela fait, la partie du registre correspondant à la souche sur laquelle est inscrit ce dépôt est remise au déposant ; c'est le récépissé. Il porte :

La date du dépôt,

Le nom et le domicile du déposant,

L'espèce et la quantité, tare déduite, de la marchandise ,

La valeur mentionnée au procès-verbal d'estimation ,

Et le montant des droits de douane, d'octroi ou autres dont elle peut être passible.

Il est signé par le directeur du magasin, et, dans la pratique, par un contrôleur ou délégué nommé par M. le Ministre des finances, et chargé de la surveillance de ce magasin. La Banque de France exige cette signature, contrairement aux prescriptions de la loi. La pratique veut encore, mais cela est réellement utile, que ce récépissé mentionne l'acquittement des droits de magasinage pendant telle période indiquée. (*Cette mention éclaire les tiers auxquels le récépissé peut être transmis.*)

Une police d'assurance doit être jointe au récépissé, car toutes les marchandises déposées dans les magasins généraux doivent être assurées contre l'incendie ; mais les polices d'assurance ordinaires se prêtent mal à ces opérations, qu'elles peuvent souvent embarrasser. Il faudrait qu'elles fussent faites, non pas au nom du déposant, comme elles le sont généralement, mais bien à celui du porteur du récépissé, qu'on désignerait par le numéro de cette pièce, ainsi que l'exigent la Banque de France et le Comptoir d'escompte de Paris.

Le récépissé dont s'agit est soumis au droit de timbre fixe seulement. Il est transmissible par voie d'endossement.

Le déposant, une fois en possession de cette pièce, ainsi que de la police d'assurance qui la couvre, peut ou vendre la marchandise déposée, ou l'engager, ou s'en servir pour suppléer une signature sur une valeur commerciale, qu'il veut négocier au Comptoir d'escompte.

Pour vendre : il lui faut endosser le récépissé à l'ordre de l'acheteur, dans les mêmes termes qu'il lui transmettrait la propriété d'un billet, et faire mentionner cette transmission sur le registre où est constaté ce dépôt. L'acheteur est ainsi régulièrement saisi de la marchandise qu'il peut à son tour transmettre de la même manière.

Pour engager : il faut qu'il fasse opérer d'abord par le directeur du magasin où la marchandise est déposée le transfert du récépissé à l'ordre du prêteur, et que ce transfert soit mentionné sur le registre du magasin, avec indication de la somme prêtée.

Enfin pour suppléer à une signature afin de pouvoir obtenir des avances du Comptoir d'escompte sur son billet : il faut qu'il crée ce billet à quatre-vingt-dix jours au plus, à l'ordre du Comptoir, et que, dans le corps de cet effet, le numéro et la substance du récépissé qui lui sert de couverture, et qui lui est annexé, soient relatés. Ce récépissé lui-même doit être endossé au Comptoir valeur en garantie du billet auquel il est attaché, et le Comptoir, exige que le transfert soit régulièrement opéré sur le registre du magasin où le dépôt a été fait, et que mention de ce transfert soit portée sur le récépissé.

Ces formalités, quoique assez simples, sont cependant encore bien compliquées. Il serait utile de les simplifier, et d'imprimer à la circulation des récépissés un mouvement plus rapide et plus facile. Peut-être atteindrait-on le but en disposant : que l'endossement de ces récépissés, suivant qu'il énoncerait avoir lieu à titre de cession ou de garantie pour un engagement d'une importance déterminée, transmettrait la propriété ou serait constitutif du gage. On pourrait peut-être, en vue de fraudes possibles, soumettre ces endossements à la formalité de l'enregistrement, moyennant un droit fixe peu élevé, afin d'en fixer la date; mais encore une fois il serait utile de débarrasser les transactions sur récépissés de la nécessité des transferts, qui, dans certaines situations, rendent ces transactions sinon absolument impossibles, au moins très-difficiles. Il est impossible, avec ces entraves, de faire entrer instantanément dans le mouvement commercial, à Paris, par exemple, des marchandises qui seraient déposées à Bordeaux.

Dès lors que, comme les Anglais, nous admettons le warrant au nombre des valeurs commerciales transmissibles par voie d'endossement, il conviendrait, ce me semble, d'admettre comme eux que l'endossement seul de ces valeurs suffit pour transférer la propriété des marchandises et constituer le gage commercial.

Ces principes, longtemps contestés, sont aujourd'hui de jurisprudence pour toutes les valeurs négociables.

L'emprunteur sur récépissés des magasins généraux jouit d'un privilége exceptionnel ; il peut rembourser le prêteur avant l'échéance fixée, et rentrer, par ce payement anticipé, en possession du récépissé engagé, c'est-à-dire de la marchandise. Le créancier est forcé d'accepter ce payement, et de restituer le récépissé dont, d'ailleurs, il n'a pu faire usage.

Le propriétaire, nanti des titres et de l'obligation acquittée à laquelle il servait de couverture, fait, à l'aide de ces deux pièces, rentrer la marchandise déposée dans ses magasins, ou fait annuler le transfert qu'il en avait consenti, comme n'ayant plus d'objet, et reprend la libre disposition de cette marchandise.

L'organisation des magasins généraux, au point de vue de la garde et de la bonne conservation des marchandises déposées, ainsi que des tarifs, appelle un examen des plus sérieux. Les droits de magasinage sont trop élevés et les accessoires deviennent souvent ruineux. Il serait bien utile, si on le pouvait, de régler toutes ces choses par une taxe proportionnelle aux valeurs estimées des marchandises, en tenant compte de leur nature. On éviterait ainsi beaucoup de gaspillage.

J'ai l'honneur de joindre à l'appui du présent 1° l'annexe n° 1, contenant le décret du gouvernement provisoire, en date du 21 mars 1848, et un arrêté de M. le Ministre des finances, en date du 26 mars 1848, qui règle les dépôts dans les magasins généraux de Paris ; enfin quelques modifications apportées dans la pratique de ces opérations.

2° Un modèle de Police d'assurance contre l'incendie, spéciale aux marchandises déposées dans les magasins publics agréés par l'État.

Le peu de temps que vous m'avez accordé, Messieurs, pour terminer ce travail, ne m'a pas permis de développer quelques considérations générales qui seraient de nature à fixer votre attention.

Agréez, Monsieur le Président et Messieurs, la nouvelle assurance de mon profond respect et de mon entier dévouement.

Le Directeur de la Manutention du commerce
de Paris près la Douane,

MORÉNO-HENRIQUÈS.

Paris, 4 décembre 1856.

ANNEXE N° 1.

DÉCRET du Gouvernement provisoire du 21 mars 1848, et arrêté de M. le Ministre des finances du 26 mars 1848, réglementant les dépôts de marchandises dans les magasins généraux de Paris.

OBSERVATIONS

RELATIVES

AUX OPÉRATIONS DANS LES MAGASINS DE DÉPOT.

MANUTENTION DU COMMERCE PRÈS LA DOUANE DE PARIS.

Annexe au rapport sur les warrants ou récépissés de dépôts.

Décret du Gouvernement provisoire en date du 21 mars 1848.

ARTICLE 1er.

Il sera établi à Paris, et dans les autres villes où le besoin s'en fera sentir, des magasins généraux où les négociants et les industriels pourront déposer les matières premières, les marchandises, les objets fabriqués dont ils seront propriétaires.

Un arrêté du Ministre des finances, du 26 mars 1848, a réglé les dépôts à Paris de la manière suivante :

ARTICLE 1er.

Les bâtiments de l'Entrepôt réel des Douanes à Paris sont affectés au dépôt des matières premières, des marchandises et objets fabriqués que le Commerce et l'Industrie voudront placer sous la surveillance de l'Etat, et dont la valeur pourra être mobilisée au moyen de récépissés à ordre, transférables par voie d'endossement.

Article 2.

L'Administration de l'Entrepôt est chargée de la délivrance de ces récépissés ; ils seront de deux espèces et de deux couleurs différentes.

Les uns s'appliqueront aux marchandises étrangères grevés de droits dus au Trésor national. Ils indiqueront la quotité de ces droits.

Ces récépissés ou leurs coupures seront conformes aux modèles annexés au présent arrêté et revêtus, indépendamment d'un timbre spécial, du cachet de l'Administration de l'Entrepôt et du cachet de la République.

Article 3.

L'Administration de l'Entrepôt sera tenue, à toute réquisition, de représenter au porteur du récépissé les marchandises qui en font l'objet. Tout porteur de récépissé régulièrement endossé aura le droit de l'échanger contre un ou plusieurs récépissés délivrés en son nom.

Un second arrêté du Ministre des finances, du 26 mars 1848, pris en vertu des deux décrets des 21 et 26 mars 1848 sus indiqués, ayant pour but de mobiliser la valeur des matières, des marchandises et objets fabriqués, de la convertir en titres négociables et admissibles dans les établissements de crédit et de faciliter les prêts sur nantissement, en a réglementé l'exécution de la manière suivante :

Article 1er.

Dans toutes les villes où, en exécution du décret du 21 mars, il aura été établi des magasins généraux agréés par l'Etat, les négociants, commerçants et industriels pourront y déposer les matières premières, marchandises et objets fabriqués dont ils seront propriétaires, en se conformant aux règlements de service intérieur desdits magasins.

Ces établissements seront placés sous la surveillance d'un délégué du Ministre des finances.

Article 2.

Lesdites marchandises, spécifiées dans un bordereau de dépôt, devront être de qualité loyale et marchande.

Elles seront assurées contre l'incendie.

Article 3.

Les marchandises déposées seront inscrites sur un registre spécial indiquant la date du dépôt, le nom et le domicile du déposant, l'espèce et la quantité des marchandises.

Article 4.

Des experts choisis par la Chambre de commerce, le Conseil municipal ou la Chambre consultative des Arts et Manufactures, parmi les négociants, et assistés d'un courtier de commerce ou d'un commissaire-priseur, détermineront, au cours du jour, la valeur vénale des marchandises déposées. Le procès-verbal d'estimation, signé par les experts et par l'officier public, restera annexé au bordereau de dépôt et la valeur constatée sera inscrite au registre spécial mentionné dans l'article qui précède.

Il sera alloué à l'officier public qui interviendra une simple vacation de 3 fr.

Article 5.

Un récépissé des marchandises déposées sera remis au déposant.

Ce récépissé, passible d'un droit fixe de 1 fr. 10 c., sera extrait d'un registre à souche ; il exprimera la date du dépôt, le nom et le domicile du déposant, l'espèce et la quantité, taxe déduite de la marchandise ; la valeur mentionnée au procès-verbal d'estimation ; et le montant des droits de douane, d'octroi ou autres, dont elle peut être passible.

Les marchandises déposées pourront, à la demande du déposant, être divisées en plusieurs lots pour chacun desquels il sera délivré un récépissé distinct.

Article 6.

Les récépissés des marchandises déposées seront transmissisibles par voie d'endossement.

L'Administration des magasins sera tenue de représenter les marchandises à toute réquisition du titulaire porteur du récépissé.

Article 7.

Toute personne qui voudra prêter sur des marchandises déposées sera valablement saisie du privilége de nantissement par le transfert du récépissé à son ordre, et par la mention dudit transfert sur le registre du magasin avec indication de la somme prêtée.

Cette mention devra aussi être opérée dans le cas d'endossement pour transmission de la propriété des marchandises.

Article 8.

Les Comptoirs nationaux d'escompte pourront admettre, comme seconde signature, le récépissé joint à un billet à ordre. Ce billet devra faire mention du récépissé.

L'appréciation de la somme à avancer sur le récépissé sera faite par le Comptoir d'escompte; la durée du prêt ne pourra excéder 90 jours.

Article 9.

La Banque de France et les Comptoirs, ainsi que les Banques départementales, pourront admettre les récépissés comme troisième signature.

Article 10.

L'emprunteur pourra toujours rentrer en possession du récépissé en remboursant le montant du prêt au cessionnaire porteur.

Article 11.

A défaut de paiement à l'échéance, le cessionnaire, porteur du récépissé, pourra exercer son recours contre l'emprunteur et les endosseurs, ou sur la marchandise déposée. Dans ce dernier cas, le Président du Tribunal de commerce, sur la simple production de l'acte de protêt, ordonnera la vente de la marchandise aux enchères.

Nota. Quelques modifications ont été apportées dans la pratique. Je signalerai les suivantes :

Les délégués de la Banque et du Comptoir d'escompte n'exigent pas aujourd'hui rigoureusement la présence des experts dans les magasins; les experts jugent la marchandise sur les échantillons conformes prélevés et présentés par le Courtier.

Si le propriétaire s'adresse à un banquier, il traite directement avec ce dernier; mais si le banquier veut négocier les obligations à la Banque, il faut alors que l'opération soit faite dans les conditions des décrets précités.

Le directeur du magasin délivre un récépissé suivant la formule, qui est transféré à l'établissement prêteur, accompagné d'une police d'assurance (suivant formule annexée), d'une quittance de magasinage et d'un billet à ordre, le récépissé n'étant considéré que comme une signature.

Le prêteur fixe l'importance du prêt.

Le prêt est fait suivant les conditions de la Banque de France (aujourd'hui 60 jours et 6 p. 0/0; le Comptoir d'escompte prend 1 p. 0/0 de plus que la Banque).

Le remboursement est total ou partiel : total, à l'échéance ou avant l'échéance; avant l'échéance on tient compte de 10 jours d'intérêts.

Les avances sont toujours fixées par les délégués de la Banque ou du Comptoir d'escompte; elles varient de 40 à 75 p. 0/0, suivant la nature des marchandises ou des cours.

Dans le cas du dégagement partiel, le déposant verse une portion de la somme avancée et en reçoit une équivalente aux avances.

Si le déposant veut renouveler à l'échéance, l'opération se fait comme pour le premier engagement; mais sans nouvelle expertise, à moins de variation dans les cours de la marchandise.

Cette clause n'est pas obligatoire pour les établissements prêteurs; néanmoins, le renouvellement n'est jamais refusé toutes les fois qu'il y a garantie suffisante.

y a à Paris deux magasins généraux, l'un situé à l'Entrepôt des Docks, l'autre à l'Entrepôt des Batignolles, et un troisième, l'Entrepôt Virey, à la Villette.

Le Directeur de la Manutention du Commerce, près la Douane,

MORÉNO-HENRIQUÈS.

Paris le 4 décembre 1856.

ANNEXE N° 2.

POLICE

D'ASSURANCES CONTRE L'INCENDIE

SUR MARCHANDISES

Dans les Magasins publics agréés par l'État.

(Décret du 21 et Arrêté du 26 mars 1848.)

CONDITIONS GÉNÉRALES.

ARTICLE 1er.

Les assureurs ne répondent pas des incendies occasionnés par guerre, invasion, émeute, force militaire quelconque et tremblement de terre.

En cas d'explosion ou de détonation même de la foudre, ils ne répondent pas des dégâts qui en résultent, ils garantissent seulement les dommages d'incendie qui en sont la suite.

Ils ne répondent, en aucun cas, des objets perdus ou volés.

ARTICLE 2.

L'assurance ne garantit que l'indemnité des pertes réellement éprouvées; les sommes assurées et les évaluations contenues dans la police ne peuvent être invoquées ni opposées comme une reconnaissance ou preuve de la valeur des objets assurés, au moment de l'incendie.

ARTICLE 3.

Si les objets assurés sont transportés dans d'autres lieux que ceux désignés par la police; s'il est fait, dans les bâtiments renfermant les objets assurés, des changements ou des constructions qui aggravent les risques, la présente police est de nul effet.

Article 4.

En cas d'incendie, le directeur du magasin général en fait immédiatement la déclaration au délégué des assureurs. Cette déclaration indique l'époque précise de l'incendie, ses causes connues ou présumées, et toutes les circonstances qui l'ont accompagné. Dans les quinze jours qui suivent l'incendie, il est fourni un état des objets incendiés, avariés et sauvés, indiquant aussi la valeur approximative des dommages.

Article 5.

Les dommages d'incendie sont réglés de gré à gré ou évalués par deux experts choisis, l'un par les assureurs, l'autre par le porteur de la police. Ils s'adjoignent un tiers, s'ils ne sont pas d'accord. Les trois experts opèrent en commun à la majorité des voix.

Article 6.

Les matières, denrées et marchandises sont évaluées au cours du jour au moment du sinistre.

Article 7.

S'il résulte de l'évaluation de gré à gré ou de l'expertise que la valeur des objets assurés était inférieure à la somme assurée, l'assuré n'a droit qu'au remboursement de la perte réelle et constatée.

Chacun des assureurs supporte, au centime le franc de la somme assurée par lui, la perte réglée, suivant les clauses de la présente police.

Dans aucun cas, les assureurs ne peuvent être tenus de rien payer au delà de la somme assurée et de la moitié des frais d'expertise.

Article 8.

L'assuré ne peut faire aucun délaissement ni partiel ni total des objets assurés, avariés ou non avariés.

L'assureur peut reprendre en totalité ou en partie, pour le montant de leur estimation, les objets avariés.

Article 9.

L'assureur se réserve, en cas d'incendie, ses droits et ceux de l'assuré contre tous garants généralement quelconques, à l'exception du directeur de l'entrepôt et de ses préposés.

A cet effet, l'assuré le subroge, par le seul fait de la présente police, à tous ses droits, recours ou actions; il est tenu de réitérer cette subrogation dans la quittance de dommage.

ARTICLE 10.

La somme à laquelle le dommage a été fixé est payée comptant au porteur du récépissé, jusqu'à concurrence de ses avances, et, pour le surplus, à qui de droit.

ARTICLE 11.

Toute action en paiement des dommages est prescrite par six mois, à compter du jour de l'incendie ou des dernières poursuites. En conséquence, les assureurs, ce délai expiré, ne peuvent être tenus à aucune indemnité.

CONDITIONS PARTICULIÈRES.

Les Compagnies ci-après désignées assurent contre l'Incendie, aux conditions générales qui précèdent, chacune pour la somme par elle souscrite, et ce, sans aucune solidarité entre elles,

Au porteur du récépissé délivré sous le n°

en date du   pour le gérant de

l'Entrepôt

la somme de

sur les marchandises détaillées audit récépissé, savoir :

Participent à la présente assurance :

1° La Compagnie LA NATIONALE, établie à Paris, rue de Ménars, n° 3, pour une somme de

2° La Compagnie D'ASSURANCES GÉNÉRALES, établie à Paris, rue Richelieu, n° 87, pour une somme de

3° La Compagnie française DU PHÉNIX, établie à Paris, rue de Provence, n° 30, pour une somme de

4° La Compagnie L'UNION, établie à Paris, rue de la Banque, n° 15, pour une somme de

5° La Compagnie LE SOLEIL, établie à Paris, rue du Helder, n° 13, pour une somme de

6° La Compagnie LA FRANCE, établie à Paris, rue de Ménars, n° 6, pour une somme de

7° La Compagnie LA PROVIDENCE, établie à Paris, rue Ménars, n° 14, pour une somme de

La présente assurance est faite pour , à partir du à midi, moyennant :

1° Une prime de pour 1,000 fr., faisant . . . .

2° Abonnement pour timbre et frais de répertoire, à raison de 3 c. pour 1,000 fr. du capital assuré. . . . .

3° Coût de la police . . . .

Total. . . . . . .

fr.	c.

Que le Délégué, soussigné, reconnaît avoir reçu comptant.

Fait à Paris, le

Par procuration :

Le Délégué des Compagnies,

PROJET DE DEMANDE

A ADRESSER

A M. LE DIRECTEUR GÉNÉRAL DES DOUANES

A L'EFFET D'OBTENIR

L'ÉTABLISSEMENT D'UNE DOUANE ET D'UNE MANUTENTION

A LA VILLETTE.

A Monsieur le Directeur général des Douanes au Ministère des Finances.

(La Chambre de commerce de Paris demande l'autorisation d'établir une Douane et une Manutention sur le bassin de la Villette).

Monsieur le Directeur général,

Depuis que la Compagnie de transports par eau (Pieau et Compagnie), dont le siége est sur le bassin de la Villette, a obtenu l'ouverture d'un bureau de Douane dans le local même de ses opérations, plusieurs demandes pour l'établissement de services spéciaux de Douane à la Villette ont été renvoyées à l'examen de la Chambre de commerce de Paris.

La Chambre, après avoir mùrement étudié ces questions, a reconnu que la création d'un établissement central de Douane sur le bassin de la Villette, comme annexe de la Douane de Paris, serait de la plus grande utilité pour les intérêts généraux du commerce et de la batellerie, de la navigation sur la Seine et autres voies fluviales, en même temps qu'elle serait avantageuse aux intérêts du Trésor.

Les opérations de la Douane de Paris tendent aujourd'hui à se diviser entre les diverses gares de Chemins de fer de la capitale. Cet état de choses, qui peut être regrettable au point de vue de la surveillance et de la bonne gestion des deniers de l'État, est cependant le résultat naturel de la création du nouveau mode de circulation; et l'Administration des Douanes, en concédant ces bureaux spéciaux, ces sections de la Douane centrale de Paris, a montré qu'elle sait remplir sa haute mission de gardienne et de protectrice des intérêts généraux du commerce.

Tandis que les opérations se divisent pour les chemins de fer, elles se centralisent au contraire pour la navigation intérieure et extérieure.

Le bassin de la Villette semble appelé à devenir le *port de Paris*. Depuis quelques années, et surtout depuis que des plaintes se sont élevées contre les administrations de chemins de fer, les transports par eau ont pris un nouvel essor; des maisons spéciales sont allées s'établir dans ce quartier, et aujourd'hui Paris est, par les canaux, grâce à la vapeur, en rapport avec nos divers ports, et dans des conditions de vitesse et de bon marché que n'offrent pas les chemins de fer. Il y a plus, le service international entre Paris et Londres a abandonné le port Saint-Nicolas, près du Louvre, et s'est fusionné au bassin de la Villette avec la Compagnie Pieau.

L'Administration des Douanes, avec la hauteur de vues qui caractérise toutes ses décisions, approuvera, sans aucun doute, l'établissement que la Chambre de commerce propose de fonder au bassin de la Villette, établissement qui répondra aux sérieux besoins de l'industrie, alimentera la batellerie et accroîtra l'importance de la navigation sur les voies fluviales qui ont coûté tant d'efforts et de sacrifices au Gouvernement.

Par ces considérations, la Chambre de commerce est amenée, Monsieur le Directeur général, à vous demander l'établissement, sur le bassin de la Villette, d'une Douane ouverte :

1° A l'expédition des marchandises à toute destination étrangère (comme à la Douane centrale), en simple exportation et sous bénéfice de prime, pour certaines catégories de produits qui seront déterminés;

2° A l'importation des marchandises arrivant en *transit international* de l'étranger à Paris par bateaux naviguant sur la Seine ou les canaux qui aboutissent à la frontière ;

3° A l'expédition en *transit international* des marchandises expédiées sous tous régimes (exportations, primes, transits), à destination de l'étranger, par bateaux allant au Havre par la Seine, ou à d'autres destinations par canaux (1).

J'ai l'honneur de joindre à la présente lettre :

1° Un plan traçant les bâtiments à élever tant pour la Douane et les Magasins, que pour la Manutention au bord du bassin de la Villette ;

2° Une carte des grandes voies navigables de la France, accompagnée d'une légende explicative.

Agréez, Monsieur le Directeur général, l'assurance de ma haute considération,

Le Président de la Chambre de commerce de Paris,

---

(1) Nota. Ainsi, les marchandises destinées à l'exportation et qui devraient être chargées sur des bateaux partant de la Villette, pourraient être présentées directement au bureau de Douane de cette localité pour y être vérifiées et y acquitter, selon le cas, les droits de sortie.

Ces mêmes bateaux recevraient également les marchandises d'exportation, de prime et de transit, accompagnées d'expéditions délivrées par d'autres bureaux.

A l'importation, les marchandises arrivant au bassin de la Villette en *transit international* pourraient y être acquittées immédiatement ou réexpédiées en transit sans que l'on fût obligé, comme par le passé, de les conduire à l'Entrepôt, où seraient seulement dirigés les produits déclarés pour cette destination.

17

SITUATION COMPARATIVE DES ENTREPOTS A LA FIN DU MOIS DE NOVEMBRE DES ANNÉES 1856, 1855 et 1854.

MARCHANDISES.	1856.											1855.	1854.
	Marseille	Le Havre	Paris.	Bordeaux.	Nantes	Dunkerque	Rouen.	Bayonne.	Lyon.	Autres Entrepôts	TOTAL.		
	Qx.	Qx.	Qx.	Qx.	Qx.	Qx.	Qx.	Qx.	Qx.	Qx.	Qx.	Qx.	Qx.
Bois d'acajou	2,878	37,640	4,977	2,474	28	»	60	»	»	»	49,047	49,517	17,280
Cacao	6,439	6,357	5,833	1,943	2,380	174	24	170	281	258	18,859	12,450	21,143
Café	39,076	17,723	11,719	12,107	3,654	677	1,167	140	724	2,486	89,475	146,975	87,834
Céréales	296,352	80,536	»	11,496	»	4,387	1,342	1,183	»	24,355	419,451	153,475	27,893
Cochenille	209	68	13	114	»	»	»	»	6	6	416	615	258
Coton en laine	13,582	58,382	»	521	2,866	1,115	1,098	»	»	1,930	79,514	50,0:8	115,758
Cuivre pur de 1re fusion	182	956	»	»	»	655	»	»	»	»	1,773	4,826	4,362
Etain brut	184	1,527	»	95	»	»	»	»	»	»	1,806	1,963	1,714
Fonte brute	73,299	13,554	14,969	44	5,713	7,949	8,473	»	1,456	2,437	127,914	86,107	64,495
Graines oléagineuses. { de lin	76,838	»	»	»	»	2,090	»	»	»	»	78,928	26,981	15,114
{ de sésame	129,757	»	»	1,925	»	»	»	»	»	»	131,682	73,305	58,877
{ autres	161	»	»	»	»	242	»	»	»	»	403	160	219
Graisses { suif brut	5,993	9,568	2,370	28	5	417	»	»	»	»	18,381	10,141	2,342
{ saindoux	121	»	»	»	»	»	»	»	»	»	121	2,629	858
Huile d'olive	44,900	571	405	3,372	3,676	383	4,419	9	430	2,539	60,704	28,864	13,633
Indigo	98	1,194	2	1,440	»	»	»	»	16	14	2,764	3,824	5,136
Laines en masse	24,298	5,546	2,637	72	»	430	1,126	2,401	»	2,696	39,246	32,779	31,581
Nitrates { de potasse	410	16	»	»	»	»	»	»	»	»	626	621	1,257
{ de soude	33	498	»	»	»	»	»	»	»	»	531	11,547	2,932
Plomb (métal brut)	17,948	26,626	»	1,905	3,747	2,121	455	»	»	»	52,802	37,969	39,700
Poivre	7,630	2,425	502	5,820	1,111	344	40	»	240	»	17,912	9,498	10,667
Sel de marais et sel gemme brut	»	»	»	»	»	8,325	»	»	»	6,209	14,534	22,072	33,710
Soies écrues { gréges	578	»	12	»	»	»	»	»	23	»	615	931	1,062
{ moulinées	26	»	»	»	»	»	»	»	45	»	71	77	138
{ bourre en masse écrues	390	»	»	185	»	»	»	»	135	321	1,041	1,255	1,053
Sucres { des colonies françaises	22,517	31,774	7,034	2,765	11,158	645	»	74	99	1,283	77,349	110,403	165,036
{ étrangers	73,869	20,381	1,920	3,641	3,143	45	»	90	»	1,930	104,019	98,768	88,289
Zinc de 1re fusion	488	»	»	»	»	»	»	»	»	»	488	406	406
	833,256	315,114	52,253	49,947	37,461	30,019	10,204	4,067	3,457	46,514	1,390,272	928,176	812,748

Année 1855.......... 978,176 qx.
Année 1854.......... 812,748
Différences en plus pour 1855.......... 165,428 qx.

Année 1856.......... 1,390,272 qx.
Année 1855.......... 978,176
En plus pour 1856.......... 412,096 qx.

TABLE DES MATIÈRES.

PARIS. — IMPRIMERIE DE PAUL DUPONT,
rue de Grenelle-Saint-Honoré, 45.

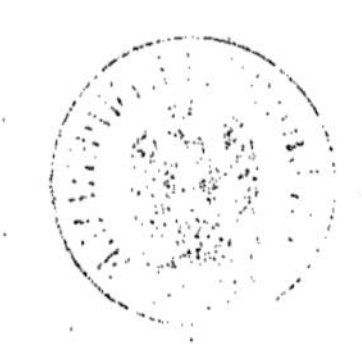

Annexe n° 6

Projet d'établissement d'une Douane centrale
sur le bassin de la Villette.

Rue Magador.

Rue   de   Flandres

Rue de Soissons.

Rue de Rouen.

Magasins

loués.

40 mètres.

Magasin loué.

Emplacement
à louer.

Quai   de   Seine.

20 mètres.   Magasins   en   planches.   20 mètres.

Franc   bord.

Canal de la Villette.

Échelle de 1 Millimètre pour mètre.

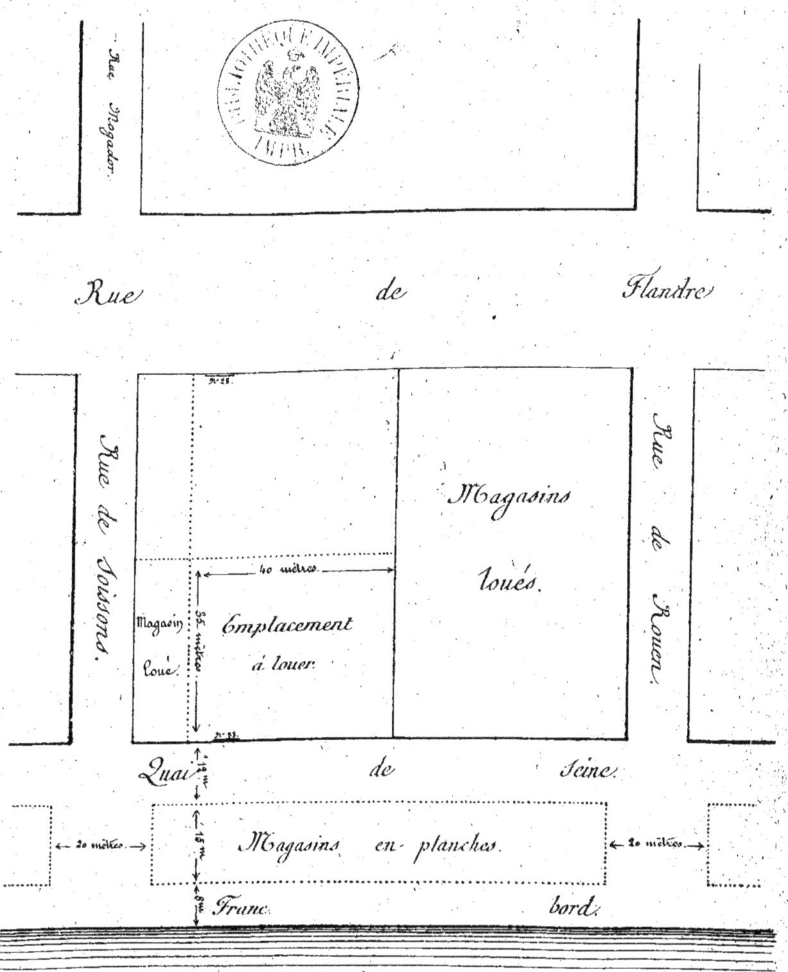